民國文存

99

巴拿馬太平洋萬國博覽會要覽

李宣龔 編

知識產權出版社

本書主要向當時的中國社會傳播巴拿馬太平洋萬國博覽會這一當時國際上的重大盛會，作者介紹了巴拿馬運河的歷史開通之歷史過程，巴拿馬太平洋萬國博覽會之緣起，巴拿馬太平洋萬國博覽會的開設準備、規模和設計、展品的分類，以及中國的各項籌備工作等，對於今人了解當時世界各主要國家的科技、工藝和文化發展水平，具有積極的歷史參考價值。

責任編輯：文　茜	責任校對：潘鳳越
封面設計：正典設計	責任出版：劉譯文

圖書在版編目（CIP）數據

巴拿馬太平洋萬國博覽會要覽／李宣龔編．—北京：知識产权出版社，2016.11

（民國文存）

ISBN 978-7-5130-4500-1

Ⅰ．①巴…　Ⅱ．①李…　Ⅲ．①博覽會—介紹—巴拿馬　Ⅳ．①G245

中國版本圖書館 CIP 數據核字（2016）第 233747 號

巴拿馬太平洋萬國博覽會要覽

Banama Taipingyang Wanguo Bolanhui Yaolan

李宣龔　編

出版發行　知識產權出版社 有限責任公司

社　　址：北京市海淀區西外太平莊 55 號	郵　　編：100081
網　　址：http://www.ipph.cn	郵　　箱：bjb@cnipr.com
發行電話：010-82000860 轉 8101/8102	傳　　真：010-82005070/82000893
責編電話：010-82000860 轉 8342	責編郵箱：wenqian@cnipr.com
印　　刷：保定市中畫美凱印刷有限公司	經　　銷：新華書店及相關銷售網點
開　　本：720mm×960mm　1/16	印　　張：15.5
版　　次：2016 年 11 月第一版	印　　次：2016 年 11 月第一次印刷
字　　數：186 千字	定　　價：52.00 元

ISBN 978-7-5130-4500-1

出版權專有　侵權必究

如有印裝質量問題，本社負責調換。

民國文存

（第一輯）

編輯委員會

文學組

組長：劉躍進

成員：尚學鋒　李真瑜　蔣　方　劉　勇　譚桂林　李小龍　鄧如冰　金立江　許　江

歷史組

組長：王子今

成員：王育成　秦永洲　張　弘　李雲泉　李揚帆　姜守誠　吳　密　蔣清宏

哲學組

組長：周文彰

成員：胡　軍　胡偉希　彭高翔　干春松　楊寶玉

出版前言

民國時期，社會動亂不息，內憂外患交加，但中國的學術界卻大放異彩，文人學者輩出，名著佳作迭現。在炮火連天的歲月，深受中國傳統文化浸潤的知識分子，承當著西方文化的衝擊，內心洋溢著對古今中外文化的熱愛，他們窮其一生，潛心研究，著書立說。歲月的流逝、現實的苦樂、深刻的思考、智慧的光芒均流淌於他們的字裡行間，也呈現於那些細緻翔實的圖表中，在書籍紛呈的今天，再次翻開他們的作品，我們仍能清晰地體悟到當年那些知識分子發自內心的真誠，蘊藏著對國家的憂慮，對知識的熱愛，對真理的追求，對人生幸福的嚮往。這些著作，可謂是中華歷史文化長河中的珍寶。

民國圖書，有不少在新中國成立前就經過了多次再版，備受時人稱道。許多觀點在近一百年後的今天，仍可說是真知灼見。眾作者在經、史、子、集諸方面的建樹成為中國學術研究的重要里程碑。蔡元培、章太炎、陳柱、呂思勉、錢基博等人的學術研究今天仍為學者們津津樂道；魯迅、周作人、沈從文、丁玲、梁遇春、李健吾等人的文學創作以及傅抱石、豐子愷、徐悲鴻、陳從周等人的藝術創想，無一不是首屈一指的大家名作。然而這些凝結著汗水與心血的作品，有的已經罹於戰火，有的僅存數本，成為圖書館裡備受愛護的珍本，或成為古玩市場裡待價而沽的商品，讀者很少有隨手翻閱的機會。

鑑此，為整理保存中華民族文化瑰寶，本社從民國書海裡，精心挑出了一批集學術性與可讀性於一體的作品予以整理出版，以饗讀者。這些書，包括政治、經濟、法律、教育、文學、史學、哲學、藝術、科普、傳記十類，綜之為"民國文存"。每一類，首選大家名作，尤其是對一些自新中國成立以後沒有再版的名家著作投入了大量精力進行整理。在版式方面有所權衡，基本採用化豎為橫、保持繁體的形式，標點符號則用現行規範予以替換，一者考慮了民國繁體文字可以呈現當時的語言文字風貌，二者顧及今人從左至右的閱讀習慣，以方便讀者翻閱，使這些書能真正走入大眾。然而，由於所選書籍品種較多，涉及的學科頗為廣泛，限於編者的力量，不免有所脫誤遺漏及不妥當之處，望讀者予以指正。

序　言

　　烏虖，今之覘人國者，非具有世界之知識，參以歷史之觀念，不足以洞八紘，羅九有。此非吾之誕言。蓋自海通以來，明達材哲，實標此義。然竭一人之目力，冥塗摘埴，將迷其方。是有賴於圖籍，為其先導，可斷言也。今美之巴拿馬運河鉅工告成，將設萬國博覽會於舊金山。我政府既於賽會有籌備之役，則我國人士之往蒞會者，必踵接於道，其能通鞮譯者無論已。若夫初出國門，邊攬盛會，或有如適五都之市，張口撟舌，而不知誰何者。吾友李君拔可有見於此，乃裒輯運河建築之歷史、賽會紀念之緣起、我國籌備之文告、出品進行之順序，發抒意見，勒為一編，以餉社會。其他中外譯著之關於斯會可資參考者，縷分條舉，纖鉅不遺。吾初聞拔可將為此書，甚偉其志，今始得受而讀之。蓋拔可蒐集材料，凡數閱月，殺青既竟，校印以傳。竊知我國人關心於國際者，思振奮於工商業者，或將蒞斯會而先事研究者，必能求讀此書，而有以發宣李君之志願也。吾嘗謂著書充屋，無裨於羣治，則不如焚棄筆研之為愈。又嘗謂讀書必有以悅神志而拓學識，則其書為不妄讀。朋輩多韙吾言。吾今請舉是言，以告讀此編者。若李君編述之宗旨，具詳於書。吾更願我國人懔然感中，同有所省擇焉。

中華民國三年三月二十一日，紹興諸宗元

目 錄

巴拿馬運河工程紀要 ………………………………………… 1

一、巴拿馬運河之歷史 ………………………………………… 1

　（一）巴拿馬運河年表 ……………………………………… 1

　（二）巴拿馬運河計畫之初期 ……………………………… 2

　（三）《克留登蒲爾華條約》 ……………………………… 2

　（四）法國第一次工事 ……………………………………… 3

　（五）法國第二次工事 ……………………………………… 4

　（六）美國之尼加拉瓜運河 ………………………………… 4

　（七）美國之新計畫 ………………………………………… 5

　（八）美國之自由行動 ……………………………………… 5

　（九）海伊頗斯福特條約 …………………………………… 6

二、巴拿馬運河之計劃 ………………………………………… 7

　（一）運河之二式 …………………………………………… 7

　（二）巴運馬運河用水閘式之理由 ………………………… 8

　（三）巴拿馬之地勢與氣候 ………………………………… 8

　（四）巴拿馬海岸之潮汐 …………………………………… 9

i

（五）計畫之實際 ………………………………………… 9
　　（六）通過運河之想像 …………………………………… 11
　　（七）地峽鐵道 …………………………………………… 12
　三、運河工事之概況 ………………………………………… 12
　四、運河開通後之影響 ……………………………………… 14
　　（一）波及美國之影響 …………………………………… 14
　　（二）波及南美之影響 …………………………………… 15
　　（三）波及歐洲之影響 …………………………………… 16
　　（四）波及東洋之影響 …………………………………… 17

巴拿馬太平洋萬國博覽會開設之緣起 ……………………… 21

　一、世界交通史上之新紀元 ………………………………… 21
　二、運河開通紀念之意義 …………………………………… 22

巴拿馬太平洋萬國博覽會開設之準備 ……………………… 23

　一、開設之宣言與會社之創立 ……………………………… 23
　二、博覽會會社向舊金山市及政府並國庫請求補助 ……… 24
　三、博覽會準備委員之選定 ………………………………… 25
　四、博覽會會社之改名及選定職員 ………………………… 25
　五、大博覽會之廣告及資金之募集 ………………………… 26
　六、美金一千萬圓之補助及大博覽會會社之增資 ………… 27

巴拿馬太平洋萬國大博覽會之規模及設計 ………………… 29

　一、規模之宏大 ……………………………………………… 29
　二、會場內之一切設計 ……………………………………… 31

三、萬國及內國各種大會 ………………………………… 35

四、列國觀兵及觀艦式 …………………………………… 36

五、會場內之各種設備 …………………………………… 36

六、太平洋（上） ………………………………………… 37

  （一）太平洋之發見 …………………………………… 37

  （二）太平洋之地理 …………………………………… 38

  （三）太平洋之歷史 …………………………………… 39

七、太平洋（下） ………………………………………… 42

  （一）美國 ……………………………………………… 43

  （二）英國 ……………………………………………… 44

  （三）德意志 …………………………………………… 45

  （四）法國 ……………………………………………… 46

  （五）俄國 ……………………………………………… 46

  （六）智利 ……………………………………………… 47

舊金山之市場 ………………………………………… 49

一、位　置 ………………………………………………… 49

二、人　口 ………………………………………………… 50

三、地　形 ………………………………………………… 50

四、氣　候 ………………………………………………… 51

五、公　園 ………………………………………………… 52

六、防　備 ………………………………………………… 52

七、港　灣 ………………………………………………… 53

八、用　水 ………………………………………………… 53

九、建　築 ………………………………………………… 54

十、慈惠事業 ························· 55

   十一、教　育 ························· 56

   十二、製造所 ························· 56

   十三、商　業 ························· 57

   十四、銀行業 ························· 58

   十五、財　產 ························· 59

   十六、一千九百有六年之大變災 ········ 59

   十七、歷　史 ························· 60

美國稅關檢查旅具章程 ················· 65

   一、概　則 ··························· 65

   二、乘客之區別 ······················· 66

   三、衣服類 ··························· 66

   四、煙葉卷類 ························· 67

   五、物品之記載 ······················· 67

   六、異議及覆檢查 ····················· 68

   七、旅具稅金之繳納 ··················· 68

   八、稅關官吏不得收賄 ················· 69

   九、家　財 ··························· 69

巴拿馬太平洋萬國博覽會出品分類綱目 ···· 70

   一、美術門 ··························· 70

      第一部　繪畫 ······················ 70

      第二部 ···························· 70

      第三部　雕刻 ······················ 70

第四部　借品 …………………………………………… 71
二、教育門 …………………………………………………… 71
　　第五部　初等教育 ……………………………………… 71
　　第六部　中等教育 ……………………………………… 71
　　第七部　高等教育 ……………………………………… 72
　　第八部　關於美術之特殊教育（教授繪畫、音樂之學校）
　　　　　　………………………………………………… 72
　　第九部　關於農業之特殊教育 ………………………… 72
　　第十部　商業教育 ……………………………………… 72
　　第十一部　工業教育 …………………………………… 73
　　第十二部　關於身心不完者之教育 …………………… 73
　　第十三部　特殊教育　教科書　學校器具及用品 …… 73
　　第十四部　兒童及成年者之體育 ……………………… 73
三、社會經濟門 ……………………………………………… 74
　　第十五部　研究調查及改良社會現狀及經濟情形之各種
　　　　　　　機關 ……………………………………… 74
　　第十六部　經濟之本源及其組織 ……………………… 74
　　第十七部　人口學　改良人種學 ……………………… 74
　　第十八部　衛生 ………………………………………… 74
　　第十九部　煙酒及有醉性藥 …………………………… 75
　　第二十部　勞動者 ……………………………………… 75
　　第二十一部　協同組織之各會社 ……………………… 75
　　第二十二部　銀行及儲蓄機關 ………………………… 76
　　第二十三部　慈善事業及遷善事業 …………………… 76
　　第二十四部　立法之預備批准及實行 ………………… 76

第二十五部　選舉法……………………………76

　　第二十六部　公益事業及章程…………………77

　　第二十七部　市政之進步………………………77

　　第二十八部………………………………………77

　　第二十九部　消遣之事…………………………77

四、文藝門……………………………………………77

　　第三十部　印刷術（設備、方法及出品）……77

　　第三十一部　書報及書籍裝訂法………………78

　　第三十二部　地圖………………………………78

　　第三十三部　造紙（原料、設備、方法及成品）……79

　　第三十四部　照相術（設備、方法及出品）…79

　　第三十五部　精細測量器、科學儀器等　錢幣及獎牌（設備、方法及成品）……………………80

　　第三十六部　醫術………………………………80

　　第三十七部　製造化學品及藥品（設備、方法及出品）
　　………………………………………………81

　　第三十八部　樂器（材料、方法及製品）……83

　　第三十九部　劇場之用具及設備………………83

　　第四十部　土木及戰事工程……………………84

　　第四十一部　土木工事之模型圖畫及計畫……85

　　第四十二部　建築術……………………………86

　　第四十三部　建築工程…………………………86

五、製造物品及各種工藝門…………………………86

　　第四十四部　文房器具　寫字檯及各種附屬品、技藝家之材料……………………………86

目　錄

第四十五部　刀 …………………………………………… 87

第四十六部　金銀匠所用之器具（應用方法及出品）… 87

第四十七部　珍寶（設備、方法及出品） ……………… 88

第四十八部　鐘錶之製造（設備、方法、成品）……… 88

第四十九部　專供裝飾非關實利而陳設之物品………… 89

第五十部　　大理石、青銅、鑄鐵、鍛鐵製之裝飾物品（設備、方法、成品）……………………… 89

第五十一部　燒玻璃……………………………………… 89

第五十二部　刷子　精製革品　精妙物品　籃筐細工（設備、方法、成品）………………………… 89

第五十三部　供旅行及露宿之器具　橡皮及樹膠製之工藝（自馬來島產）　樹生之凝固液汁 …… 90

第五十四部　狩獵之設備及其成品……………………… 91

第五十五部　關於漁之設備及出品……………………… 91

第五十六部　兒童玩物…………………………………… 91

第五十七部　供建築房屋用或住屋用之永久性裝修及固定器具……………………………………… 92

第五十八部　公事房及住家用之器具及用具…………… 92

第五十九部　埋葬用之各種記念碑及葬儀所用各種器具 …………………………………………… 93

第六十部　　金屬製器及木製器………………………… 93

第六十一部　用電熱之器具……………………………… 94

第六十二部　隔離電氣材料……………………………… 94

第六十三部　壁紙（原料、設備、方法、成品）……… 95

第六十四部　地氈及家具類之編織物（材料、方法、

vii

	成品）…………………………………………	95
第六十五部	家具裝飾品…………………………………	95
第六十六部	磁器類（原料、設備、方法、成品）……	95
第六十七部	鉛水管及清潔器之材料……………………	96
第六十八部	玻璃類及結晶類（原料、設備、方法、成品）………………………………………	96
第六十九部	生熱及通氣之器具及方法…………………	97
第七十部	用煤氣點燈及作燃料之製造法及分配……	98
第七十一部	發光器具及方法（不包在他項內者）……	99
第七十二部	製物材料　紡績及製繩工作………………	99
第七十三部	製造績物料之設備及方法…………………	99
第七十四部	漂白、染色、印花及各級制成織物之設備及方法……………………………………	100
第七十五部	縫衣及製衣用之設備及方法………………	101
第七十六部	棉製之線及織物……………………………	101
第七十七部	亞麻及大麻類所製之線及織料、繩索類…	102
第七十八部	動物纖維質　製成之線及織料……………	102
第七十九部	絲及絲之織料………………………………	103
第八十部	線帶、顧繡及附屬物………………………	103
第八十一部	製男女及兒童衣服之工作…………………	104
第八十二部	毛皮　皮板　皮衣　革靴及鞋……………	105
第八十三部	各種與衣服布有用之工作…………………	105
第八十四部	保安應用器具………………………………	106
六、機械門	……………………………………………………	106
第八十五部	生汽器及自用汽之致動機各種附屬物……	106

第八十六部　內燃致動機 …………………………… 107

第八十七部　水力致動機 …………………………… 107

第八十八部　各種致動機 …………………………… 107

第八十九部　普通機械及其附屬品 ………………… 108

第九十部　剉削金木之用具 ………………………… 108

電機部 ………………………………………………… 109

第九十一部　換路類之電機 ………………………… 109

第九十二部　同時類之電機（廻復電流）………… 109

第九十三部　靜止感應器 …………………………… 110

第九十四部　迴轉感應之電機 ……………………… 110

第九十五部　獨極（亞息列）器械 ………………… 110

第九十六部　改正器械 ……………………………… 110

第九十七部　照耀器（光源）……………………… 110

第九十八部　測驗器、指示器及記錄器 …………… 111

第九十九部　電學機械之保護器、制裁電力器及除鐵路材料外之分配電力器 ………………………… 111

第一百部　電氣化學之器械 ………………………… 111

七、轉運門 …………………………………………… 112

第一百一部　車輛及車輪之製造汽車自行車 ……… 112

第一百二部　馬具 …………………………………… 112

第一百三部　鐵道 …………………………………… 112

第一百四部　商船上所用之資料及設備 …………… 113

第一百五部 ………………………………………… 115

第一百六部　海軍所用之材料及設備、海陸軍所用之砲 ………………………………………………… 115

第一百七部　汽船 ………………………………… 115

第一百八部　气球 ………………………………… 115

第一百九部　軍事用之气球 ……………………… 115

第一百十部　飛艇 ………………………………… 116

第一百十一部　气類 ……………………………… 116

第一百十二部　致動機 …………………………… 116

第一百十三部　著述 ……………………………… 116

八、農業門 …………………………………………… 116

第一百十四部　土地改良農具及其方法 ………… 116

第一百十五部　農具及農用機械 ………………… 117

第一百十六部　肥料 ……………………………… 117

第一百十七部　煙草（設備、方法及出品）…… 118

第一百十八部　農事工業之用及方法 …………… 118

第一百十九部　農業原理及農業統計 …………… 118

第一百二十部　蔬菜、食品及農業產物種子 …… 119

第一百二十一部　各種野生植物及農產物收穫用具 … 119

第一百二十二部　罩食品 ………………………… 120

第一百二十三部　食用及飲料製造品用具及方法 … 120

第一百二十四部　粉質出產品及其轉造物 ……… 121

第一百二十五部　麵包及麵食類 ………………… 121

第一百二十六部　貯藏品植物肉魚類 …………… 121

第一百二十七部　糖及糖果和味料調胃料、果仁及果實食品

……………………………………………………… 122

第一百二十八部　水及不醱酵之果汁 …………… 122

第一百二十九部　葡萄酒及白蘭地酒 …………… 122

  第一百三十部　糖水及飲料　酒精及商賣酒精 …………… 123

  第一百三十一部　醱酵之飲料 ………………………………… 123

  第一百三十二部　不可食之農產 ……………………………… 123

  第一百三十三部　益蟲及其生產物、害蟲及植物病害 … 124

  第一百三十四部　森林 ………………………………………… 124

  第一百三十五部　森林生產物 ………………………………… 124

九、牲畜門 ……………………………………………………………… 125

  第一百三十六部　馬及騾 ……………………………………… 125

  第一百三十七部　牛 …………………………………………… 125

  第一百三十八部　綿羊 ………………………………………… 126

  第一百三十九部　山羊等 ……………………………………… 126

  第一百四十部　猪 ……………………………………………… 126

  第一百四十一部　犬 …………………………………………… 126

  第一百四十二部　猫及玩弄小畜等 …………………………… 127

  第一百四十三部　家雞及鳥類 ………………………………… 127

十、園藝門 ……………………………………………………………… 127

  第一百四十四部　植果栽花種樹之器具及方法 ……………… 127

  第一百四十五部　種葡萄之器具及方法 ……………………… 128

  第一百四十六部　果實學 ……………………………………… 128

  第一百四十七部　乾燻法製耐久之果實 ……………………… 128

  第一百四十八部　果樹種植法 ………………………………… 129

  第一百四十九部　大樹灌木美觀植物及花卉 ………………… 129

  第一百五十部　傳種之種子球莖截枝等 ……………………… 130

  第一百五十一部　園藝學理及園藝統計 ……………………… 130

十一、採礦冶金門 ……………………………………………………… 131

xi

第一百五十二部　礦場之工作　礦床及石礦（設備及方法）
　　　　　　　　　…………………………………………… 131
　　第一百五十三部　礦物與石料及其用途 …………… 132
　　第一百五十四部　礦之模型地圖及照片 …………… 134
　　第一百五十五部　冶金 ………………………………… 134
　　第一百五十六部　採礦冶金論學之書報 …………… 136

巴拿馬太平洋萬國博覽會章程 …………………… 137

　第一章 ……………………………………………………… 137
　第二章 ……………………………………………………… 138
　第三章 ……………………………………………………… 139
　第四章 ……………………………………………………… 139
　第五章 ……………………………………………………… 139
　第六章 ……………………………………………………… 140
　第七章 ……………………………………………………… 140
　第八章 ……………………………………………………… 141
　第九章 ……………………………………………………… 142
　第十章 ……………………………………………………… 143
　第十一章 …………………………………………………… 143
　第十二章 …………………………………………………… 144
　第十三章 …………………………………………………… 145
　第十四章 …………………………………………………… 145
　第十五章 …………………………………………………… 146
　第十六章 …………………………………………………… 146
　第十七章 …………………………………………………… 146

第十八章	147
第十九章	147
第二十章	147
第二十一章	148
第二十二章　評獎	148

事務局擬訂巴拿馬博覽會中國出品總則 150

事務局訂行各省辦理出品協會則例 152

官廳出品規則 154

事務局擬訂巴拿馬賽會中國出品人須知第一種 156

籌備事務局指導出品改良凡例 158

事務局擬訂出品願書、目錄書、說明書式 160

　一、出品願書式 160

　二、出品目錄書式 160

　三、出品說明書式 161

事務局致財政部請關於賽品免收釐稅函 162

財政部覆事務局赴賽出品準免釐稅函 163

編者對於籌備巴拿馬萬國博覽會出品之意見 164

　一、宜注重出品之地位 165

　二、宜注重出品之鑑別 166

　三、宜注重出品之說明 166

　四、宜注重出品之陳列 167

　　（一）曰補助商品 167

　　（二）曰養成人材 170

　　（三）曰鼓勵僑業 175

籌備巴拿馬賽會事務局訂定出品人須知第二種 ………… 178

國際貿易品提綱並指導陳列及改良方法 ………… 178

- （一）絲繭 ………… 178
- （二）茶 ………… 178
- （三）裘毛骨角皮 ………… 179
- （四）棉麻 ………… 179
- （五）糧食豆餅 ………… 179
- （六）綢布 ………… 179
- （七）服裝 ………… 180
- （八）器用 ………… 180
- （九）牲畜水產 ………… 181
- （十）藥材 ………… 181
- （十一）油 ………… 181
- （十二）礦產 ………… 182
- （十三）菸酒 ………… 182
- （十四）菜果 ………… 182
- （十五）糖 ………… 182

籌備巴拿馬賽會事務局訂定出品人須知第三種 ………… 183

- （一）果實包裝法提要 ………… 183
- （二）附記 ………… 184

編後記 ………… 194

開闢巴拿馬之草萊者巴爾北氏

美國總理巴拿馬河工者哥爾字氏

巴拿馬運河工程委員會

喀里布拉運河委員之俱樂部

美前總統塔孚脫与哥索爾大佐
巡閱巴拿馬運河工程圖

巴拿馬運河閘門內部之工程

比得羅米加爾閘之置放水渠

比得羅米加爾閘之橫面及水渠

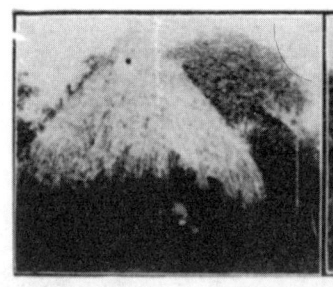 

巴拿馬土人之茅屋　　運河工程處之瞭望臺

泥　鉤

汽　剷

嘉敦閘上游之东面

嘉敦閘搗和石土之機器

嘉敦閘東面之前灣及土臺

嘉敦閘西部之前灣及土臺

比得羅米加爾之中垣

比得羅米加爾之混凝土工

米拉福羅歐閘門上游用機挖石之圖

試驗史都奈門制之弇門

喀里布拉港之南面

喀里布拉港之斜面

運河要道之高山

可崙之黑人居留地

巴拿馬運河工程之一

巴拿馬運河新式濬河機器

挖泥機器

嘉敦一覽表

嘉敦堰之中閘

巴拿馬運河旁之教堂

巴拿馬運河旁之街市

金門灣遠望巴拿馬博覽會全場之地面

巴拿馬博覽會之全景

金門灣口

舊金山之市街

舊金山之渡船場

巴拿馬博覽會事務總長司克夫君

陳錦濤君擇定巴拿馬博覽會中國建築地點受領地券攝影

前美國總統塔夫脫簽押議院通
過巴拿馬博覽會建築案之光景

巴拿馬萬國博覽會東廳之正面

巴拿馬萬國博覽會之意國式高塔

巴拿馬萬國博覽會之凱旋門

巴拿馬萬國博覽會機械館之正面

巴拿馬萬國博覽會之摩托運送機館

巴拿馬萬國博覽會日星廳北望之風景

廳前有湖。圖中之巨柱名進步柱,高百六十英尺,柱上立一少年,手持箭頭對日云

巴拿馬萬國博覽會之椶樹廳

巴拿馬萬國博覽會之回聲塔

巴拿馬萬國博覽會之美術館

巴拿馬博覽會之園藝館

巴拿馬博覽會之寶石塔

巴拿馬萬國博覽會瀑布式之建築

巴拿馬萬國博覽會總務部之高塔

巴拿馬運河工程紀要

一、巴拿馬運河之歷史

（一）巴拿馬運河年表

一五一七年	薩味特拉始唱開鑿巴拿馬運河之說
一六九四年	英國組織美洲印度貿易會社，籌畫開鑿運河，未及實行
一八五〇年	英美之克留登蒲爾華條約成立
一八八〇年	法國運河會社成立，以留賽為社長，始著手工事
一八八六年	美國尼加拉瓜運河會社成立
一八八九年	留賽失敗，是年美國尼加拉瓜運河開始工事
一八九三年	尼加拉瓜運河會社失敗，工事中止
一九〇一年	英美之海伊頗斯福特條約成立
一九〇二年	美國買收法國巴拿馬運河會社之權利
一九〇三年	巴拿馬共和國成立，美國與巴拿馬締結海伊蒲奈烏佛利拉條約
一九〇四年	美國新事運河之計畫
一九〇六年	決定以水閘式開鑿運河
一九一三年	運河開通之預定

1

（二）巴拿馬運河計畫之初期

巴拿馬運河之開鑿，其計畫實起於距今四百年前，即哥侖波獲見新大陸後之二十五年（一五一七年）也。先是，哥侖波得地西陸，開闢古巴諸島，艱苦倍嘗，積勞成疾，未得探見太平洋而卒。厥後西班牙人拔爾波亞（Balboa）者，復組織遠征隊（一五一三年）向秘魯而進，橫斷巴拿馬地峽，於是汪汪無際之太平洋始發現於世。其時拔爾波亞之從者為薩味特拉（Angel Saavedra），始倡說開鑿巴拿馬運河以利交通。經數年研究，獻其策於西班牙王查理五世，旋以死於客中，不果其志。薩氏死後，查理對於巴拿馬運河問題，猶極注意，特命總督親往調查，卒得不可能之報告，其事遂寢。及腓立二世立，於千五百六十七年派遣技師，調查尼加拉瓜運河，後反報者皆以徒勞無功為言。而王終不屈，謀諸僧侶，僧侶乃引聖書中所謂"神之結者，無論何人不能斷割"一語以諷之，由是而王念永絕焉。迨千六百九十四年，英國以往來東洋之航路，頗不便捷，遂組織美洲印度貿易會社，而以開鑿中央亞美利加之運河為目的。然此會社曾無幾時，即歸消滅。自是而後，無復從事於運河者。殆百有餘年，至十八世紀之末，德國地理學家亞列克山特、富鶴、豐卜爾脫等，親往美洲，實地調查，探得聯絡大西、太平兩洋之運河，其線路凡有六處。因而繪以精圖，並列舉各各開鑿之計畫，發表於世，而尤以尼加拉瓜運河為最有希望。此說既出，一時歐美之事業界，非常受其刺激。又以德國大詩人哥的，極口推獎豐卜爾脫之計畫，以為美利堅合眾國當為世界人類交通計，力興此舉。於是美洲運河問題，益惹起世人之注目矣。

（三）《克留登蒲爾華條約》

其後，中美、南美之西班牙殖民地，忽叛母國而謀獨立。西班牙之勢力遂衰，英美二國於是始起而代之。美人既深感哥的之言，又自加利佛尼亞發見金礦以後，有許多人民欲移居此地，遂覺由運河出太平洋為必不可少之事，故美人於此，益加迫切矣。然是時英國不肯默視以坐失權利，因起壓迫之交涉。千八百五十年，英美二國間始開談判。旋以美國國務卿克留登（Claytown）與英國公使蒲爾華（Bulwar）談判之結果，始締結所謂克留登蒲爾華條約者。約中聲言，兩國將來在運河上不得行獨佔之管理權，運河苟成，當作為中立，且無論何國皆可誘之結約，俾得助力，開鑿以期速成（此中包括尼加拉瓜及巴拿馬）。蓋英美二國對此運河之開鑿，皆具有非常之希望，但英國以不願一國之獨佔，故有此約。美國國務卿克留登未能見及，卒以輕率而失敗。而英美近五十年來之爭端，即基於此。夫鑿造運河，而不能施以武裝，則於美國卻甚為不利。然美國發展之機運，終不能因此遏抑。如千八百六十九年大總統格蘭德之教令云：“運河事業，乃我國政治的設施最重要之一。歐洲列國雖眾，究誰能成此大事乎。”此種豪語，其暗中激勵美國人民為何如也。

（四）法國第一次工事

然自此越七年（即一八七六年），有法人維斯（Wyse）代表之一團體，盡力計畫。又越三年（即一八七九年），以研究中美運河之各種計畫，開會於巴黎，其結果咸贊成留賽之巴拿馬一案。因組織新巴拿馬運河會社，即以留賽為社長。留賽主張以水平式開鑿，將欲見諸實行。美國朝野聞之，一時激昂達於極點，以為此運河必當為美國所有，因竭力運動以謀廢棄克留登蒲爾華條約。

是年，法國巴拿馬運河之株式會社募集未成。因於千八百八十年，重新募集。忽得資本一億二千萬圓，於是始著手工事。依留賽所設計，工費須法幣六億五千八百萬佛郎，竣功期預定八年。不意動工以後，種種工事之困難，陸續發現。加以社員驕奢無度，會社中因益腐敗，故動工七年，並不稍見進步。因中途更改水閘式，復續開二年，其會社遂於巴黎宣告破產。計前後作工凡九年，至千八百八十九年而中止，會社中之資產，至是遂歸入法定管理人之手。

（五）法國第二次工事

第一次工事既失敗，而前會社之法定管理人，更在法政府保護之下，於千八百九十年，發起法國巴拿馬運河會社，為第二次計畫。翌年再開工，而有鑑於前次之失敗，欲從徐緩入手，以圖確實之進步，故定竣工期為十年。孰知開鑿六年，至千八百九十九年，工事上雖無困難不確實之處，而預定之資本，究不能竟功。於是股東中，遂有主張截然中止者。是時美政府已判定新運河開鑿之計畫，而第二次運河會社，又歸失敗。

（六）美國之尼加拉瓜運河

翻而觀之美國，以巴拿馬通路，為歐人所佔領，如此重要運河，而在外國人管理之下，國民咸大為不快，因有主張別開運河於尼加拉瓜者。美國人民，頗多贊同之。自此以後，是說漸得勢力。至千八百八十四年，美國始與尼加拉瓜政府交涉，其結果則美政府擔任開鑿運河之一切費用，而運河則為兩國政府所共有。雙方正將締結條約，無如美國議會，多不贊成此條約，議員贊成者，不滿三分二之定數，無從批准。又以大總統正當交替之期，此計畫乃立即消滅。然紐約資本家中，復有重新為此計畫者，以千八百八十六年設立運河會社，與尼加拉瓜政府訂約，又經美政府承認，乃於千八百八十九年開工。繼續四年，費資本九百萬，計開運河三千尺，敷設鐵道十一哩。而美國忽有亂事之恐慌，遂因以破產。

（七）美國之新計畫

美國私立尼加拉瓜運河會社之失敗，適法國第二次巴拿馬運河亦將中輟，時即千八百九十八年也。美西適有戰爭，當時美國軍艦屋梨根自舊金山回航西印度，通過馬雪蘭海峽，歷時甚久，始得遄歸，途間經無數辛苦。於是美國益覺巴拿馬運河開鑿之必要。且美西戰爭之結果，美國既佔斐立賓羣島，又併吞爪哇，美國在東洋之勢力，漸以熾盛。然美國東部地方之工藝製作品，苟欲輸送於東洋，則陸路必由鐵道，水路必由汽船，迂迴轉輾於大西洋、地中海而後可達。其運輸之費均為極高，故希望開鑿巴拿馬運河，不獨軍事上為不可緩也。千八百九十八年十二月七日美大總統麥堅利之教令，實可代表當時美國人之意。其言曰："吾國東海岸與西海岸之間，須有敏捷之交通路線。有此路線然後於所併吞之爪哇與太平洋，方可發展其威力與商務。職是之故，而太平、大西兩洋間之運河，為必須開鑿而不可缺。今日之情勢，既與昔日大有不同。故今日之國是，莫如使此運河由吾國管理。對外擴張之要圖，誠無逾於此者。"

是以美西戰爭後，美政府乃於議會設運河委員，竭力調查尼加拉瓜與巴拿馬二運河究為孰利。後知尼加拉瓜運河之開鑿費，須四億百八萬圓，工程須十年，巴拿馬則經費少而竣工期短，惟較尼加拉瓜之距離為遠，故一時迄未能判決也。

（八）美國之自由行動

頃之，美國見法國巴拿馬運河會社已進退維谷，因與之竭力交涉，乃於千九百零二年，以八千萬圓收回其權利。惟巴拿馬運河之地域，屬於哥倫比亞政府，遂又於千九百零三年，與哥倫比亞政府交涉，約其割讓運河兩岸之地各五里，而與以巨額之賠償，並約年年供其租金，無❶哥倫比亞政府堅拒不允，卒歸無效。然其時巴拿馬地方之人民，適謀叛亂，以千九百零三年十一月三日建立巴拿馬共和國。美政府以有開鑿運河之希望，遂大助巴拿馬之獨立，即於同年十一月十八日，承認其獨立，且約與以助力，保持其獨立。尋英國及歐洲諸國，亦相繼承認。

又同日在華盛頓締結《海伊蒲奈烏佛利拉條約》[海伊（Hay）為美國之國務卿，蒲奈烏佛利拉（Phillipe Bunaw Varilla）為法國之技師，曾助巴拿馬獨立有功，故代表巴拿馬政府調印]，規定運河之開鑿及管理條件。其要點如下❷：

（1）巴拿馬共和國永久以運河兩岸十哩廣之地（左右各五哩）割讓於合眾國，且割讓此一帶地方之警察、司法權。

（2）運河永久中立，為世界商業貿易事業而公開。

此條約以千九百零四年二月二十六日，在美國批准。美國支出賠償金二千萬圓，並約每九年內支出租金五十萬圓。

（九）海伊頗斯福特條約

更有必須注意之一事，即千九百零一年，英美間又有海伊頗斯福特條約是也。蓋千八百五十年之克留登蒲爾華條約，美國頗蒙不利，美人屢思廢除，遂於千八百九十八年宣言破棄其條約。

繼於一九零一年，由國務卿海伊與英國公使頗斯福特（Pounstford）訂結條約。英國得由美國政府及美國政府保護之下，開鑿運河。且對於工事之一切權利及運河之管理，均承認絕對為合眾國所

---

❶ 原字不清。——編者註
❷ "下"原為"左"，後同。——編者註

有。同時並規定各國商船軍艦皆得自由平等航行，與蘇彝士運河相等。但砲臺之建築，別有規約，可悉聽美國之自由。以上海伊頗斯福特與海伊蒲奈烏佛利拉二條約，皆美國所以得自由開鑿巴拿馬運河者也。

《海伊蒲奈烏佛利拉條約》，以千九百零四年二月二十三日調印。時大總統羅斯福，即於二月二十九日，任命巴拿馬運河之設計調查委員七人。委員會約研究一年後從事，後卒報告須用水平式。繼又以慎重起見，另由委員任命技師十三人，作為第二次委員。千九百零五年六月在華盛頓開委員會，技師一方面之贊可水閘式者凡七人，贊可水平式者凡六人。餘之委員，除一人作反對外，各皆贊可水閘式。副以會長之意見，以為在海洋八十五尺高之水面，須採用水閘式。因建用水閘之議，以提出於大總統。

千九百零六年二月十九日，大總統頒教書於議會，宣言須用水閘式。至千九百零六年六月二十九日，經議會協贊，決定以用水閘式為便。所定工事之著手法與路線，仍與留賽所擇定者相彷彿。

其運河工事，預定九年半開通，即千九百一十五年一月一日為開通期。不意動工後，進步極速，今更預定千九百一十三年中完工，即我民國三年也。惟風聞近今古累勃拉地方之開掘，有數次大為崩壞，恐屆時尚未必果能開通也。

二、巴拿馬運河之計劃

（一）運河之二式

開鑿運河之計劃，共有二式。一即所謂水平式（Sea Level

Canal），如蘇彝士運河，其水準面與海洋水準面相同是也。又一為水閘式（Lock Canal），即其地勢過高，運河之水準面，不能如海洋水準面之低下，故須作堰堤以蓄水，而藉水閘之助力以資通行是也。大約運河開鑿處之困難較少者，自以用水平式為便。且有時亦不得不用水平式，如蘇彝士河，即以用水平式為佳。因蘇彝士地峽之運河線路無高地，又多湖水，開鑿甚易。又其地為雨量極少之處，使作堰堤蓄水，勢有不能，是以必用水平式。

（二）巴運❶馬運河用水閘式之理由

巴拿馬運河依留賽所計劃，當用水平式。然用水閘式，却亦有許多便利之處。其理由為設計調查委員會所舉者，約如下列諸端：

（1）工事費用，較之水平式，可減省四億圓左右。

（2）竣工期約可短縮六年。

（3）開鑿得略廣且深，則運河線之屈曲較少，使船舶之經過可以安全。

（4）巨船及多數船隻，可同時通行。

以上諸端，須通曉巴拿馬之地勢與氣候，然後方知設計之大要。

（三）巴拿馬之地勢與氣候

巴拿馬雖為中央亞美利加之最狹部，然亞美利加之西岸山脈，亦經由此處。其近大西洋一邊之額登地方，則有罕拉開勃蘭查山脈，特山不甚大。其在太平洋側之聖脫勒高的拉山，則在巴拿馬少東，約高九百八十呎。而其近運河處之古累勃拉地方，高亦二百九十呎。運河之開鑿，即在此二百九十呎之地點（此難用水平式之理由一）。又聖脫勒高的拉為分水界，其南則有洛克蘭特河流注入太平洋，其

---

❶ "運"當為"拿"。——編者註

北則有查噶累斯河流注入大西洋。惟以此分水界偏於南方，故洛克蘭特河較小，查噶累斯河極大。查噶累斯河初向西南流，至瑪達的瑙地方，則有支流阿必斯樸河來會。自是折成直角，向西北流，過額登峽而入大西洋。是河流域，佔千二百平方哩。平時雖系極弱之小流，然其近旁各地，每年有三分之二時（即自五月至十二月）為雨季，而其雨量又極多，平均約達百吋以外。當此雨季時，河水汎濫，勢極兇猛，是以此河之控制，實為不易。倘作水平式，未免有潰決淤塞之虞（此難用水平式之理由二）。

（四）巴拿馬海岸之潮汐

巴拿馬地峽，為太平、大西兩洋所挾，其潮汐之進退，極為差異。在大西洋側之科倫，潮高約有二呎三吋；在太平洋側之巴拿馬，潮高實自十三呎至十九呎半不等。故其兩邊海洋之水準面，懸殊特甚，若鑿水平式，則運河中必生激烈潮流。凡於兩洋間鑿地峽而通運河，必須注意於此（此難用水平式之理由三）。

有以上地勢、氣候、海岸三大阻礙，故巴拿馬無論如何必須採用水閘式。

（五）計畫之實際

水閘式運河者，所以通過海洋與高於海洋水準面之運河也。此種運河，在高於海洋水準面之處，必須有源源不絕之水，供給其運行以潤澤之，能有湖水則較佳。設其上流有天然之湖水，則自然無庸另行開鑿。而巴拿馬地方則無此湖水，祇有將查噶累斯河用額登之峽設堰障之。於其上流，可加人工開鑿，使成湖水。其所障之堰，即謂之額登堰，乃閉塞窂拉開勒蘭查山脈之斷處而成，長一哩半，較海面高一百十五呎，頂寬一百呎。湖水面之高限，在海面上八十五尺之處。堰與湖水相接處寬約四百尺，故較湖水面，尚高三十呎。其堰皆用土與石疊積而成。計其堰之堅厚穩固，約有十分之一，已可為恃。因論者之皆以為危，故充分注意，較普通安全程度堅固十倍。雖反對水閘式之外國技師，亦竭力保證，以為此非堰堤，直是山耳。

其所作成之湖水，水面較海洋面高八十五呎，深四十五呎至七十七呎，面積約一百六十四方哩，論者尚憂湖水之不給於用。然傍大西洋岸之雨季，約有雨量百二十吋至百四十吋；傍太平洋側之雨季，約有雨量六十吋至八十吋。全體平均計算，降雨水量約有百吋。經多年觀測之結果，其蒸發之最大量，每年約有五十吋（較熱帶地方為多），相減尚有五十吋留剩湖中。凡船舶通過之際，其自水閘吐出之水量，及諸種動力所用之水量，固自綽有餘裕。惟預定湖水須數年貯蓄，故工程亦須漸次從事，不能速成。

其自額登堰至利們地方，則用普通水平式。額登與利們灣之距離，約三哩左右。更將利們灣浚渫之，則長約共八哩許，寬五百呎，深四十一呎。因額登外須備有通行之船守候，故其寬廣之幅，約須有一千呎。其在額登堰之處，兩旁水面相差八十五呎。其間無論何種船舶交通，自不可不借資於水閘。額登水閘共有三段，水閘之四圍，均用三合土築厚壁，有如匣然。每一水閘之長約千呎，內廣一百十呎（足容近時及後此無論何等之大船一艘），兩端有板為閘門，船舶出入之際，開閉極易。板厚七呎，長六十五呎，高四十七呎，至八十七呎，全以鐵為之。每板重四百噸至七百五十噸，共板九十二枚，合計重量，與二萬九千噸之軍艦二艘相等（即五萬八千噸）。其開閉均用電氣，指按押鈕，板即應手而動。船舶過時，逐段上移，計各段上下之距離，為二十八呎又三分呎之一。如此之閘，一式築為二列，以備非常。

次為古累勃拉之壕，計長九哩，而聖脫勒高的拉山脈之在古累勃拉地方，計高二百九十呎。預定此處運河之底，寬三百呎，深四十五呎，故必將山開下二百四十五呎，越壕至丕特洛密蓋爾，乃設一水閘。由此至密拉福倫，凡二哩，其間有洛克蘭特河，引而瀦成一小湖。更於密拉福倫設第二水閘，過此則為與太平洋同水準面之運河，底寬五百呎，深四十五呎。大西洋側之運河，雖僅深四十一呎，然太平洋一邊之運河，潮汐漲落之差甚大，故不得不加深至四十五呎。此處運河，亦不過浚渫巴拿馬港灣而成，計至丕利閣島附近都長凡八哩許。今總計運河之全長，則額登以北約八哩，額登至丕特洛密蓋爾間，約三十二哩。丕特洛密蓋爾至密拉福倫間，約二哩。密拉福倫以南，約八哩。通計約五十哩有半。其自科倫至巴拿馬之直徑，實只三十六哩，係地峽中之最狹部。今運河所以長至五十哩半者，因屈曲利用查葛累斯河流故也，就中除浚渫海洋一部分以外，計實長祇四十一哩耳。

（六）通過運河之想像

今假設一船，由大西洋通過運河。先自入口至額登水閘，計寬五百呎，深四十五呎，航行與在海中相同。及至水閘之下，則有寬千呎之守候處，由是而入水閘。計每過一閘約三十分時，通過三閘，共須一時半，乃出閘而入湖中。回首而顧壯大之水閘，聳峙水面，因放手航行。計進行寬千呎之處凡十五哩，寬八百呎之處凡四哩，更入寬狹五百呎之處，又行四哩而達阿必斯樸。自額登水閘至此，可以全速力航行。至此以後，再前進，則必緩行，兩岸絕壁之高約二百呎。乃達丕特洛密蓋爾，寬凡三百呎，由其地水閘瀉下約二十八呎三分之一，於是寬為五百呎。計自阿必斯樸至此，凡九哩。由

11

是更行二哩而達密拉福倫，於此處更瀉下水閘二十八呎三分之一者，凡二次。再航八哩餘而至太平洋。總計航行時間，約十時至十二時。每日每一水閘可通行船隻四十八次，每年可通過八千萬噸。以巴拿馬湖水之量計之，固寬然有餘矣。是則較之已成之蘇彝士運河，通過船數實已四倍左右也。

（七）地峽鐵道

除此運河外，尚有地峽鐵道，大略皆沿運河線之東側，並行築造。在開鑿工事中，所有搬運糧食、工料等事，實不能無此鐵路。將來開通以後，尚當迂迴於湖水之東邊，另行改築。雖有運河，仍不能不設鐵道者，以藉此可往來於巴拿馬、科倫間，謀各部落交通之便也。今其車尚用煤燒，聞改築後，更須於額登地方，用水力以發電，改為電氣鐵道車焉。

三、運河工事之概況

預定以千九百十五年正月一日開通，蓋每年所作之工事，固有程限可逆推也。然工事費究不能精細核算，計法國所支去者，共八千萬圓。與巴拿馬者二千萬圓，美國自己所費者共七億五千萬圓，加以法國所曾費者，約在十八億圓以上。美大總統格蘭德謂非美國孰能成此大業，洵不虛也。自千九百零四年，美國收歸運河工事權後，乃於千九百零五年九月準備開工。先將法國會社所開之舊工事線掃清，然後備置種種機械，測量地峽鐵道之改築線路，設備各種衛生。此諸事中，與巴拿馬運河工事相關聯而最費研究者，厥惟衛生之設備。因巴拿馬地當北緯七度至十度之熱帶圈內，氣候炎熱如焚，又以植物繁茂，湮如沼澤，致馬拉里亞、黃熱及黑死病，極為猖獗。加以巴拿馬地峽，每歲自五月至十二月，雨澤過多，而在大西洋一邊，尤有查葛累河之汎濫，是以一年內之土地幾皆濕透無乾日。故於居人，極不相宜，而其熱病之多亦以此。世人稱其熱病為查噶累斯熱，幾視巴拿馬為世界罕有之死獄。前法國所以失敗之原因，亦半由於是。蓋人皆視為畏途，無從覓得工人也。美國繼續以後，鑑於法國之失敗，知成功之第一運命惟在設備良善之衛生，因先著手於衛生等事，如因防蚊而造鐵網室，更用薰煙消毒法及投藥池沼等法，務求將蚊蝱殺淨。而於飲用除垢之上下水工事，設備亦至完全。凡市街皆一律鋪石，如在科倫地方，則加高地盤，設病院以滅傳染病，設檢役所以防外部侵入之病。如此類事，大抵皆費無數金錢。後至於九百零八年之末，查葛累斯熱與黑死病，竟因以絕根，死亡率之曾為六％者，今乃減為一.○八％，此則衛生良好之結果也。美國人治事之精實，不誠可驚歟。

衛生之設備既完成，方始著手於工事，時千九百零七年一月也。其工事之組織，分為建築及技術部、法律部、糧餉部、民政部、衛生部、支取部、檢查及計算部，計共七部，各設本部於巴拿馬。在本國中，更設關涉運河之諸役所，執行一切事務。其運河委員長則直隸於大總統，監督所有一切工事，以大佐鞠奇蓋寨爾任之。部下作工者凡三萬餘人，用軍隊法部勒。連役員合計，約共四萬五千人，均隸屬委員長一人，猛力工作。

全境工事區域，分為三節，即額登以北、額登與丕特洛密蓋爾間、丕特洛密蓋爾以南，名之為大西洋區、中央區、太平洋區。每區各有負全權之主任技師，分擔工事。其工事之種類，則或掘湮土而浚渫海底，或開鑿乾土，或築堰堤，或造水閘，或為吐水之裝置，或作水閘四圍之堅壁。以美國富有資財，故其各項工程，均用極大之機器為之。

四、運河開通後之影響

運河開通後之影響，橫亙於各方面而極宏遠，僅吾人有限之知識，究有不能預測者，茲特就影響中之經濟一端，約略陳之。

（一）波及美國之影響

美國之海上交通，極為不振。如大西洋航路，則為英德二國占有，而美國船舶總噸數，有十分之九但從事於沿岸貿易，此皆由其鐵道異常進步之故。然美國交通界之缺點，亦即以過偏於陸上之設備，蓋其鐵道雖發達，僅為國中少數富豪所占有，故其交通上遂有種種惡果：（1）運費可任意增減；（2）運價過昂，重生產者之負擔；（3）西部地方，因之開拓遲緩。自巴拿馬運河開通後，東部工藝品與西部農林產可直接供給，無須以鐵道為媒介矣。今以紐約與舊金山間計之，則經由馬息蘭須一三七一四哩，經由巴拿馬只五二九九哩，可節減八四一五哩。其必須捨馬息蘭而經巴拿馬，理固易明。然進而考其鐵道之狀況，則近今之運費與距離作正比例。不獨大洋沿岸受其影響而已，即自沿岸至內地約一千哩內外，亦將因運河而生影響。如密士失必河口之紐疴爾良，從而為最有希望之商港。其鐵道運費，亦不如今日之舊，大抵可望減少，然亦有程限。蓋美國鐵道運費，必須經內國商業委員會之裁決，故驟然減少，或過於差別，為向例所嚴禁。據現情而論，其力不能減至百分之五以上，然減此區區百分之五，究尚不能有左右海運之勢力。除輕量之物，匯兌利息之關係，須急速運送外，餘皆仍以由海運為便。準此計算，則英第安納州（支加哥東南之州）以東，斯樸硜（沙特爾東二三百哩）以西，經由運河，概較鐵道為便。有此巴拿馬運河，則鐵道上三數橫暴之弊端，自然不期除而除矣。

（二）波及南美之影響

南美祇興盛於大西洋一岸，其太平洋一岸，即極不發達，此皆由地勢、氣候種種關係有以致之，然要以對於歐洲關係之厚薄為大原因。蓋南美之貿易，專以英德為主，其全貿易之八成，皆為此二國所占。若巴拿馬運河開通，則由羅阿潑爾至

	經由馬息蘭	經由巴拿馬	節減
瓜亞圭爾	一〇、七二二	五、六〇三	五、一一九
伊圭瓜	九、五九一	六、七六〇	二、八三一
佛巴拉琐	八、八三一	七、三六九	一、四六二
戈洛内爾	八、二三〇	七、五七七	六五三

據上❶表以觀，則最遠者，乃轉而為最近。自巴拿馬開通，而南美東部諸國之對於歐洲，雖更無別種影響，至其西部諸國則受其影響甚大。若在今日，則西部諸國之貿易，僅佔東部諸國貿易三分之一。至運河一通，則必頓改其面目。又就下列一表觀之，則北美合眾國之東部地方，與南美西部地方，必因以大為接近，而美國對於南美之貿易，必超出乎尋常萬萬也。今計自紐約至

	經由馬息蘭	經由巴拿馬	節減
瓜亞圭爾	一〇、四二五	二、八六四	七、五六一

---

❶ 原為"右"，後同。——編者註

續表

	經由馬息蘭	經由巴拿馬	節減
伊圭瓜	九、二二一	四、〇二一	五、二〇〇
佛巴拉琐	八、四六一	四、六三〇	三、八三一
戈洛內爾	八、一三〇	四、八三六	三、〇二四

又南美諸國相互之間，亦必受航路縮短之影響，如伯剌兒、秘魯之間，必能受運河之益也。

（三）波及歐洲之影響

歐洲對於南美，儼如親子之關係，英德則以貿易而密切，法國則以資本主而密切，西歐則以移民而密切。故自巴拿馬運河開通，歐洲所受利益亦必不少，特較美國所得利益，尚遠不迨耳。且不獨對於南美為然，即關係於滿洲、東洋各地，亦焉能不受何等利益乎？今試計自紐約至

	現在航路	經由巴拿馬	節減
橫濱	一三、五六四	九、八三五	三、七二九
上海	一二、五一四	一〇、八八五	一、六二九
馬尼剌	一一、六〇一	一一、五八五	一六
志度尼	一三、六八五	九、八一四	三、八四四
美薄倫	一三、〇八三	一〇、〇二二	三、〇六一
威靈登	一四、三三三	八、五三四	五、七九九
安提列底	一二、五七五	一〇、五三〇	二、〇四四

若自羅阿澂爾至

	現在航路	經由巴拿馬	節減
橫濱	一一、六四〇	一二、五七四	九三四

续表

	现在航路	经由巴拿马	节减
上海	一○、五八○	一三、六二四	三、○四四
马尼剌	九、六六七	一四、三二四	四、六四七
志度尼	一二、二三四	一二、五五三	三一九
美薄伦	一一、六五九	一二、七六一	一、一○二
威灵登	一二、九四九	一一、二七三	一、六七六
安提列底	一一、一五一	一三、二六九	二、一一八

观表可知英国对于澳洲及东洋之利益，惟威灵登一埠有之，然英国对于加拿大之关系，则因之大异矣。如现在情形，则所以连络加拿大西部地方者，惟恃加拿大太平洋铁道之媒介，或遥与苏彝士运河之航路以连络耳。若巴拿马开通以后，则原来之经由罗阿瀓尔、晚香坡、苏彝士，须一五八七○哩者，改由巴拿马，只须八八三六哩，其减省里程，约近半数。故今日之与铁道连络者，将来必如纽约、旧金山之与撻哥麦关系，由罗阿瀓尔、巴拿马运河，而与晚香坡连络矣。

（四）波及东洋之影响

东洋各国之以本国作基点而营海外航业者，今惟日本。其主要路线有四：（1）即经由苏彝士，航行欧洲及北美者；（2）即经由好望角，航行南美者；（3）即太平洋航路；（4）即澳洲航路是也。此四线中，其真受影响者，惟第一线由苏彝士往北美之纽约航路。然货物供求之情势，有

	经由苏彝士	经由巴拿马
横滨	一三、五六四	九、八三五
上海	一二、五一四	一○、八八五
香港	一一、六三三	一一、七六六

17

续表

	经由苏彝士	经由巴拿马
马尼剌	一一、六〇一	一一、五八五
星嘉坡	一〇、二三三	一三、一六六

就上表观之，则经由巴拿马有利者，乃在上海以东诸港。一见便知，无庸深论。惟进而考其货物输送之内容，则对美航运之中心，将不在横滨及上海，必变而移于香港也。就输送之营业而论，则对于苏彝士航路，以横滨为基点。对于太平洋航路，以香港为基点。若香港、上海、横滨中，仅营其一港航业，即不能完全称为海外航线。在今日不可仅以航路之短长定取舍者，兹为逐一究论如下。假令自纽约至

经由好望角	经由马息兰
一八、〇八五	一九、八〇二
一七、八二六	二〇、〇九一
一六、九四五	二〇、三七九
一五、五四五	二三、一三三

本当以横滨以西至香港、马尼剌一带，为欧美贸易之单位。此一带地域，有不可分割之性质。今若发于香港，过上海、横滨，经由巴拿马以达纽约，则其延长为一万一千七百余海哩。若发于横滨，过上海、香港，经由苏彝士以达纽约，则其延长为一万三千五百余海哩。是以东洋与纽约之交通，自当以巴拿马为便捷。然但就香港一埠而论，则当以经由苏彝士为较便。此种两歧问题，亦祇就横滨、香港之优劣点论之而已。假令由其吸收之强盛及航路之便利而论，则香港之势力决非横滨所能敌。而香港之航往纽约，当然以经由苏

彝士為便利。若發軔於日本，再經由蘇彝士，則須負遠距離之損失，故必以香港為中心也。

夫蘇彝士線之所以優者，實因沿路不乏停泊之良港，而於貨物之吸收，又非常便利。若日本發於橫濱而西航，則星嘉坡、孟買等埠，常有運往歐洲之物，待船隻附送，足以補輸送美國貨物之不足。反之而行太平洋航路，則僅有向於香港、橫濱之貨物，美國沿岸之良港，又盡為美國船隻所吸收。是以巴拿馬運河開通，東洋各國之營紐約航路者，當及早熟察也。

巴拿馬運河開通以後，凡由此以達紐約之運費，如可大為低減，則東洋之業海運者，亦當踴躍經營航路。蓋巴拿馬運河之通過費，可因美國鐵道之運費決定之。美國鐵道之運費，現在尚不能減至百分之五以上，則由巴拿馬以達紐約之運費，當不能大減。此運費既減，則由蘇彝士以達紐約之運費，自亦相因而減矣。

要之，巴拿馬運河既通，東洋各國之對於紐約，僅可得一較近之航路。在東洋從前無此紐約線之業海運者，並無特別之影響，故巴拿馬開通後，此線未必即能開拓。況如日本之橫濱，既不為東洋之中心市場，則橫濱一港之力，於對美貿易所需之船泊，想難應付。然則欲運貨於香港，毋寧以蘇彝士運河為較便也。

顧由上言之，則經巴拿馬線與經蘇彝士線，其接續點當在香港以東與橫濱間。苟得強有力者及巧於經營者，斡旋其間，必可得吸引之效果也。

若果以香港為中心，則巴拿馬及蘇彝士兩線之差，僅一百三十三海里耳。海運而僅一百三十三海里之差，其於營業策之如何，固可自由左右。然以今日之情勢，日本尚不能於紐約航路有所染指，則欲遠就香港以吸引巴拿馬，自益困難。因無論距離與運費，皆相彷彿也，所略有望者，不過運河之通過費而已。

　　東洋對於紐約之關係，任取巴拿馬或蘇彝士，航路既略相同，則究以何者為便，實不過一通過費之，若何足以斷之。在香港雖以蘇彝士為便捷，然巴拿馬之通過費較為低廉，苟棄蘇彝士而東航，則自然應以橫濱為重港。斯日本經濟之勢力，必從而大增矣。

　　今兩河通過費之比較，就現所發表者，則巴拿馬每噸為二元四角，蘇彝士每噸為二元九角半，即蘇彝士每噸多五角半。故僅以航路論，東航雖只多百三十餘海里，而通過費則每噸可減五角半；西航雖只少百三十餘海里，而通過費則每噸須多五角半。兩者相較，孰得孰失，雖一時難於決斷。惟海運而僅有百三十海里之出入，乃無庸顧慮之事。若一噸而昂價五角半，則積少成多，自是極重大之問題。以此而言，恐即香港、馬尼剌等，亦皆將捨蘇彝士而取道巴拿馬也。

　　加以經由巴拿馬者，航海可較安全，煤斤之供給，更為低廉。以大西洋之風浪與各處之暗礁較之，自以巴拿馬航路為平穩。航路既穩，斯海上保險之價亦低廉。若夫星嘉坡、古倫母、亞丁、地中海諸港，則煤斤甚貴。惟巴拿馬則有巴拉巴馬與比的斯堡之賤煤，可以供給。有此通過費、保險費、煤斤費低廉之三點，則香港以東，自占大勢力，在東洋各國，皆得以控制之，豈可獨讓日本一國於對美之貿易上收其莫大之利益乎？若放開眼界，有營海運者能起而謀世界一週之航路，則誰之責哉？凡世界之貿易，其輸出超過，必有東進之傾向。歐洲對東洋而為輸出超過國，東洋對美國而為輸出超過國，美國對歐洲而為輸出超過國。故或有以東航本位之航海，營世界一週之海運業。則其今日對歐之輸出運費高、輸入運費低者，自益易補其缺點。總之，巴拿馬開通，除美國收莫大之利益外，次之者當在東洋各國。

巴拿馬太平洋萬國博覽會開設之緣起

一、世界交通史上之新紀元

　　幽玄微妙之自然力，究非淺薄之人智所得而測。然世界愈進化，人類之智識與能力，實有不戰勝自然力不已之勢。曩西歷千八百六十九年十二月，障隔地中海與印度洋間之蘇彝士地峽，開鑿工竣，於歐亞兩大陸之交通，起一大革命。閱四十有餘年以迄今茲，人力復戰勝自然力而開鑿南北兩美洲間之巴拿馬地峽，使太平洋與大西洋互相聯絡，殆欲於世界交通史上別開一新紀元，實為有史以來世界的第一之事業。利用之者，不惟開鑿此地峽之美國人民，實地球各國皆永受其賜。距今約四百年前，哥崙波欲至亞細亞，而誤發見亞美利加，阻於此地峽，竟不能達其至亞細亞之素志。嗣有西班牙之探險家，發見太平洋者之巴爾波阿，亦以此地峽杜絕其船舶之進步，惟望洋興嘆而已。後之航海家同抱此憾者，項背相望，乃渺渺前塵，殆成夢幻。卒能以開闢手段，備受磨折，成此事業。古人之志藉以大酬，真令人有滄桑之感，而知人力之大可恃也。

二、運河開通紀念之意義

今豫期西歷千九百十五年，開巴拿馬太平洋萬國大博覽會於舊金山市場，以祝運河開通之盛典，並為太平洋發見四百年（約計）之紀念，兼圖人文之進步、產業之勃興、貿易之增進並國際間之平和者也。夫博覽會以紀念一國、一地方或世界之事實而開設者，其先例甚多。今略舉數例，如千八百七十六年美國費府博覽會，所以祝合眾國之獨立百年；千八百九十三年之市俄古博覽會，所以紀念哥崙波發見亞美利加之四百年；千九百四年之聖路易博覽會，所以紀念路易惹那州收買之百年是也。然此等皆關繫於過去之事件，又或不過表示單純的紀念之意，而此次之博覽會所紀念者則為現今目前之事，且於世界有直接巨大之影響者，實往例所未嘗有也。

巴拿馬太平洋萬國博覽會開設之準備

一、開設之宣言與會社之創立

當西曆千九百年之春，舊金山市之實業家，決議開設大博覽會，以祝巴拿馬運河之開通。乃延至千九百六年，而開會之準備，全未進行。蓋當時人民皆注意於聖路易市路易惹那州收買之萬國大博覽會（千九百四年）及波蘭市之留伊斯及克拉克博覽會（千九百五年），而未暇及此也。但舊金山之商業家，於此二博覽會，皆作參觀團而前往研究，蒐集數多之資料，以備異日本市開博覽會之參考。然此開設大博覽會之事，必當先正式宣言於合眾國政府及一般社會，以求其同意。於是舊金山市實業家，囑其市之代議士求利阿斯卡痕氏，以此事議案提出於國會，而卡痕氏遂於千九百六年一月六日，為舊金山市提出開設大博覽會之議案焉。是舊金山市固爭先於其他都市，正式對於合眾國政府及市民，宣言開設巴拿馬運河開通紀念萬國大博覽會之事者也。

由是舊金山市之實業團體，猛著進行，而為開設博覽會之準備。當是時，舊金山不幸遭地震及火災（千九百六年四月十八日），此震災及火災之損害，合計達於美金五億萬圓以上。由是而大博覽會開設之準備，一時遂暫行中止。雖然，富於實力之舊金山市，毫不為此災變所撓。被災之翌月，即從事再建商市之規畫。不數年間，莊嚴宏麗之舊金山市，已湧現於彈指。而大博覽會開設之準備，遂於是復活。舊金山市重要之實業家，以美金五百萬圓，發起創立太平洋博覽會合股會社（此事本為千九百六年十二月十日舊金山市各實業家團體所首唱），請於加州政廳公認許可。然前代議士卡痕氏提出於國會之議案，於同年度之議會，尚未見何等之決定焉。

二、博覽會會社向舊金山市及政府並國庫請求補助

至千九百年一月，有倡議請舊金山市及加州政廳各先捐助美金一百萬圓於博覽會會社者。於是博覽會會社之幹事部，請於舊金山市選出之加州州議會上院議員愛的伊烏爾夫氏，提出議案。而烏爾夫氏遂乘加州議會適在開會之機會，於是年一月十四日，提出加州政廳捐助百萬圓之議案於上院。而此議案，乃以舊金山市亦捐集同等金額補助博覽會會社為條件者也。當此議案之提出也，反對之聲四面蠭起，然其結局卒通過上議院。下議院雖不無阻難，然於討議之後，亦竟得通過，遂得州知事之署名焉。博覽會會社，以是大得助力，實行預備，與舊金山市之建設，同時進行。又加州及舊金山市補助問題決定之翌年（即千九百九年）十二月六日，舊金山市選出之合眾國國會下院議員卡痕氏，受太平洋博覽會會社之托，為該會社提出合眾國政府當由國庫撥助美金五百萬圓之議案。此議案直附托於國會下院之工業美術博覽會委員，然於同年度，委員會竟未有何等之結果。蓋當時路易提阿拿州之紐奧爾憐斯市及其他各都市，

亦有開設巴拿馬運河開通紀念博覽會之計畫，與舊金山市之博覽會會社互相競爭，故此議案一時未能決定也。

三、博覽會準備委員之選定

千九百八年中，博覽會會社無可特記之事項。至翌千九百九年，博覽會會社於十一月二十六日特開總會，以選出開會準備委員一百名之目的。先由舊金山市各商業家選定準備委員選舉事宜之委員五名（後準備委員增為二百名），於是此五委員通告舊金山市各實業團體之各會員，期以十二月七日開大會以籌備選舉。及大會將次開幕，更遍咨大眾，究竟此大博覽會應否開設，滿場一致贊成，毫無異議。於是此五委員，遂從事於選定二百名準備委員之手續，然以二百名之額數選定非易，至本月十四日，遂漸次選定。而此選定之委員，其後凡幾經變更，閱二三月後，始全部大定。

至本月二十九日，二百名之準備委員，尚未齊集，然多數業經確定，故即開第一次之準備委員會。而準備委員會，更須選定特別委員三十名，以為眉目。而辦理此特別委員之選舉，則公推特曼氏、斯洛資斯氏、達登氏三人任之。三氏遂於翌千九百十年一月六日，選出特別準備委員三十名，依準備委員會之互選投票方法而決定之焉。

四、博覽會會社之改名及選定職員

數年以來，博覽會會社皆依創立時之命名，而稱為"太平洋博覽會會社"。然至千九百十年，其事業大為進步，規模日益擴充。且自其紀念巴拿馬運河開通及太平洋發見之博覽會意義上考察之，實有改易名稱之必要，於是改易名稱之說次第而起。而是年三月十五日，又選定財務委員七十五名，此七十五名皆由前二百名準備委員中選出者，而前之特別委員三十名，悉與焉。三月二十一日，以會社改稱之事咨於眾議，遂決定改名，為"巴拿馬太平洋萬國博覽會會社"云。此時之職員如下：

　　社長：霍麻·愛斯·根辮氏。

　　支配人：阿爾·狄·篤希資辮氏。

　　會計：愛·達普留·福斯大氏。

而現社長查列斯·希意·姆阿氏，則改選為出版及起業委員會之委員長。又前之太平洋博覽會，本豫期於千九百十三年開設者，今以名稱及組織之變更，開設之期，亦一併改易，遂正式發表以千九百十五年開設巴拿馬太平洋萬國大博覽會焉。

五、大博覽會之廣告及資金之募集

既決定以千九百十五年開巴拿馬太平洋萬國大博覽會於舊金山市，自當先行通告其事於世界。於是製徽章二萬五千枚，上鐫"千九百十五年巴拿馬太平洋萬國大博覽會"字樣，由大博覽會會社發售，每枚售銀元一角。此項利益，共得美金一千三百元。於是大博覽會會社懸賞募集大博覽會會章之意匠，最優者獎以美金五十元。嗣大博覽會會社，更擬發售股份券以募集資金。以千九百十年四月二十八日，大會市民，籌議此事。當時之財務委員長查列斯姆阿氏，起述大博覽會會社開辦以來經過情形，更陳說大博覽會會社之現狀，及發售股券募集資金之必要。於是應募股份者非常踴躍，開始之四十戶，皆各購股份美金二萬五千圓，其次或美金一萬元或五千元者；僅二小時間，已達於美金四百八萬九千圓之巨額焉。

六、美金一千萬元之補助及大博覽會會社之增資

大博覽會會社之募集資金，既得意外之良果。其時會社要員，更欲運動加州政廳及舊金山市，各捐助美金五百萬圓。於是選定運動委員，四出演說並著手種種運動之方法。而最難者，即大博覽會會社，若欲得加州政廳五百萬元之助金，則對於州民，當課以此項之特稅；又若欲得舊金山市同額之助金，則舊金山市當以出此金額之目的，募集五百萬元之市債，勢不得不允其改正市制也。乃運動委員日夜奔走，卒於千九百十年九月八日之臨時州會，通過此二案。更於十一月八日之州選舉，及同月十五日之特別選舉以右之二案，附於州民之投票而探其意嚮。乃於州選舉投票之結果，竟獲多數贊成（反對者一贊成者三之比例）；於特別選舉，則贊成者更佔大多數（反對者一贊成者二十之比例）。於是大博覽會會社，遂由州政廳及舊金山市，各得五百萬美金（合為美金一千萬元）之補助。加以會社之資本金五百萬圓，其金額已達於美金一千五百萬圓矣。先是舊金山市與紐奧爾憐斯市競爭大博覽會之開設，日益激烈，各對於千九百十年開會中之第六十議會，施強烈之運動。然其結局，國會受大統領塔虎脫氏之意旨，將此議案停頓，俟開次期之國會，再行決定，並聲明開設此萬國大博覽會者，不問其為舊金山市，抑紐奧爾

憐斯市，於未得國會協贊之前，大博覽會會社之資金，至少須集得美金七百五十萬圓。故巴拿馬太平洋萬國大博覽會會社，對於千九百十年十二月應行召集之第六十一議會，不可不先為右之準備。而當時之資本金，止有美金五百萬元，對於國會之要求，尚不足美金二百五十萬元。故是年六月十六日，巴拿馬太平洋萬國大博覽會會社，特開要員會議，議增加資金美金二百五十萬圓之件，即時可決通告國會。至是對於國會運動之準備，始完全告成。而紐奧爾憐斯市之競爭，遂歸失敗矣。

巴拿馬太平洋萬國大博覽會之規模及設計

一、規模之宏大

　　巴拿馬太平洋萬國大博覽會會社，規模之宏大，歷史上實未有倫比。蓋其資金之饒足、會場佔地之廣大及其設計之宏壯，不惟凌駕美國曩時開設之聖路易、市俄古、費府等諸萬國博覽會而已，即近年巴黎開設之大博覽會，亦視此有遜色焉。此非巴拿馬太平洋萬國大博覽會會社當事者之私言，事實昭然，不可誣也。今試言該博覽會之資金。該會社之資本金，已有美金七百五十萬圓，又舊金山市及加州政廳，各助五百萬圓，合計實達於美金一千七百五十萬圓。昔千九百四年聖路易大博覽會之會社資金，止五百萬圓合眾國政府及聖路易市各助五百萬圓，合計美金一千五百萬圓。以此較之，凡多美金二百五十萬圓。雖聖路易大博覽會，後曾向美政府借四百六十萬圓，然今後巴拿馬太平洋萬國博覽會，或亦得合眾國政府之補助，固意中事耳。會社資金之厚既如此，然加州五十餘部，經加州政廳之許可，建設各部代表館，其費用合計約美金五百萬圓。美國各州政府，參加此會，當建設州政府館，費用約美金七百萬圓。加以合眾國聯邦政府建設政府館支出之額及參與此會各外國政府支出之費用等，則為此博覽會所費之金額，約計當不下美金五千萬元，真可謂驚人之舉矣。

就大博覽會之會場言之，其主要之開設地，廣袤實達於六百二十五英町，東西距離約二英里半，南北幅員半英里，海岸線凡二英里，則其地積之廣大，殆可想見。若更合以遠至金門公園之面積，則更為壯麗矣。此面積以大中央宮殿及塔為中心，於其左右，建築美術、教育、經濟、文藝、製造工業、機械、通運、農業、家畜、園藝、採礦、冶金等之陳列館十二所。此外更有加州五十餘部之陳列館，四十餘州之美國各州政府館，以及合眾國聯邦政府並參與此會之各外國建築館。其雄壯瑰瑋必有令人驚心動魄者。今將此等各館之建築面積計之，則十二所之陳列館，合計三百七十三萬一千五百平方英尺，園藝部五十英町，鐵道及其他十二英町，練兵及飛行場五十英町，合眾國政府館十英町，各州政府館四十英町，各外國政府館三十七英町。比於市俄古之哥倫比亞萬國博覽會，約大至二倍；較之聖路易之路易提阿那收買紀念之萬國大博覽會，其規模亦更為廣闊。然則此巴拿馬太平洋萬國大博覽會，其開會之日，實可謂代表現世界一切之文明者，故其事業，與巴拿馬運河之開鑿，共佔世界史上重大之位置，而又對於將來，永示人文發展之標幟者也。故該博覽會閉鎖以後，無論世界事勢如何變遷，而創設此博覽會及參與斯會之各外國人民相依相集而成之文化，必自成一大紀錄，垂諸不朽，殆無疑也。

二、會場內之一切設計

　　巴拿馬太平洋萬國大博覽會之規模，其宏大既如前所述。主要之開設地，已有六百二十五英町。然此廣大之會場，其設計當如何、建築物之配置排列當如何，此博覽會當局者最具苦心經營之處也。該會社於千九百十一年春國會議決開設大博覽會之事件以來，即懸重賞以募集天下技師之設計圖案。而應募者至本年冬止，不一而足。會社延請專門家慎重審議之後，拔尤而用。現會社確定之設計圖案，即以此中最優者為主，更參以他之良意匠者也。但據大博覽會當事者之語，謂工事之進行，與技師之測量報告等，或微有不合，將來恐尚須略變已定之計畫云。雖然，其大體固依據今日確立之設計者，故略敘述之以餉當世。

　　大博覽會之設計，大別為五部：（1）希比資克・生太；（2）的列辦拉夫・希爾；（3）哈巴・比由及布列希台奧；（4）林哥爾痕・巴克；（5）金門公園。此內可視為中心者，為哈巴・比由及布列希台奧，而林哥爾痕・巴克及金門公園次之。他二所（即的列辦拉夫・希爾及希比資克・生太）則離中心會場遼遠，故直接與博覽會會場之交涉甚少。今就各方面之設計而順次記述之。希比資克・生太者，當設於市之中心，故卜地於交通最繁之馬開資脫街及盤耐斯街之交叉點，此處擬建築可容會眾數萬之大紀念會館。舊金山市於千九百六年四月之地震以前，舊市廳之南側，雖亦有可容二三萬人之大會館，然不幸被災，化為烏有，惟市內各地有小會館數區而已。然大博覽會之開會中，萬國及內國一切會議，必不可無此種之場所，故遂決計從事於此建築焉。

其次，的列辦拉夫・希爾者，其北適當於市內之辦蘭街，乃拔出海面二百八十英尺之高丘也。此處擬建設最強度之無線電信局與天候觀測所，以報於市民及船舶，且與通過巴拿馬運河之船舶，交換通信焉。

第三，林哥爾痕・巴克，乃在由哈巴・比由經布列希台奧及福脫枚遜之所謂哥爾騰極脫而達於金門公園之中間一高丘也。此高丘之上，擬建立八百五十英尺之高塔及代表美國西部之大雕像，與為其關門之舊金山市大雕像，並代表美國東部之大雕像，與為其關門之紐約市大雕像。

第四，金門公園。此處風景絕勝，本足駐留遊客之蹤跡。然大博覽會會社，尚更欲施以修飾，務冀不辱落機山以西最大都市之舊金山大公園之名。此處之設計，與他處大異，雖閉會以後，尚須留為紀念，故其計畫皆為半永久者。如新設中國庭園，又將舊設之日本庭園（為前開米特溫太博覽會之紀念遺物），大加擴張，石燈籠、茶亭、龍頭鷁首船等，互相對映，真令人有置身蓬萊之想，其一例也。又擬於此處，著名之海濱館克利資夫霍斯之下方，沿太平洋之漣浪磯邊，設備多數之娛樂機關，以供遊憩。

第五，哈巴・比由及布列希台奧者，乃博覽會之中心會場也。此地位於舊金山市之北端，臨於金門灣，東對於的列辦拉夫高丘，西隔林哥爾痕公園之高丘而遙達於金門公園，北隔桑港灣，可由阿爾卡資島及天使島遠望有名之馬溫脫太馬爾巴伊，南接於市之住宅區域。除卻布列希台奧兵營地（此為合眾國陸軍省用地，現授權博覽會借用者）迄福脫枚遜之哥爾騰極脫間之丘陵，土地概極平坦，而利於建築。又開設後，海陸交通，亦頗便利。而對於此地之設計，先平土地之低昂，以定建築物之基礎，更填埋海岸之淺瀨，而為會場突出海中之地位，又設備系留大船之埠頭及碇泊小船之渡場等。假令參觀來賓由此海正面登陸，向會場陳列館之中央而進，則第一先見壯大之中央塔，巍然屹立，與林哥爾痕巴克高丘上之大雕像遙遙相對。此即辮列脫生脫拉爾太懷也。

試由此先折於左方而遊覽各陳列館，則見左側有通運館，右側有製造館。更由前而進，則見正面有機械館。由是折於右方而進，則有毗連機械館之祭禮館。距祭禮館少許，則有役人所。

又與祭禮館及役人所相對，當於右側製造工業二館之背面，有自動車館。左側機械館、祭禮館及役人所背面四十五英町之地積，皆為賣店及其他娛樂之營業所充塞。近於前面海濱之地，其佈置尚未規定，想當為倉庫及其他目的之用。至此而左方之遊覽既遍，則可歸於中央之塔，而更瀏覽右方之陳列。先自中央塔折於右方而進，則於右側有農業館，左側有文藝館及教育館。於文藝館及教育館之中央背面，與左方之自動車館相對，則有園藝館。更由前而進，則與農業館及教育館相對，有東向之美術館。面館而立，則見沿於右方海濱，有長亘半英里餘二列相並之加州各郡及合眾國各州之出品館。而接於此出品館之前端，有二十英町之練兵場及三十英町之飛行場。練兵場之前端，為家畜館。由是望海前進，即哥爾騰極脫也。左方之東西，則見萬國館及都市館相對而建築。萬國館及都市館之南（即背面），有平和殿，此處當有特種之陳列物，且於博覽會開設期中適當之時機，將於此開萬國學者之平和會議。由平和殿右方越美術館之背面，迄於加州各郡及合眾國各州政府之建築，此弦月形之地面積三十七英町，為參與斯會各外國之建築館及庭園等。鉤心鬥角，出奇制勝。而各外國建築物之背面（即西方），遠離弦月形右端與之成直角之廣大地積，即合眾國政府館建築處也。

大博覽會各建築物之排置設計，略如前所述。至其建築物之如何壯偉瑰麗，今尚在想像之中。蓋各外國之出品館及合眾國之政府館、各州政府館及加州各郡出品館等無論矣，即博覽會社當建築之諸陳列館，亦有費技師之研究也。

於以上種種設計之外，尚有不可不特誌者，即紀念大道路是也。此項設計，專謀遵陸入會者之便利，故更設法使哈巴・比由之中心會場與林哥爾痕・巴克金門公園，互相聯絡。然博覽會當事者，又欲以此舉為大博覽會開設之紀念，而使其永久存在，俾與金門灣之風景，共成舊金山名勝之一。而此大道路之建設，實本於巴拿姆氏千九百四年之考案（巴氏於市俄古之哥倫比亞萬國博覽會任技師長），謂倣世界著名之義大利富洛倫斯之大道路"米亟洛安提斯羅・波利・布・阿特"者云。其地點由大博覽會會場之東而發，沿企愛斯拿脫街及洛姆巴特街，由哈巴・比由及布列希台奧、福脫枚遜迂迴而經林哥爾痕・巴克，以迄於金門公園，其長凡三英里。道路之廣闊雖未正確發表，然必名實相稱無疑。道路之西側，栽樹成行。博覽會開會期中，此道路之西端無論矣。凡入會場所經行之各道路，皆須設綠門及凱旋門。又如經費有餘，聞尚擬建設高架鐵道云。博覽會開會之晨，遊客若由會場之東端，入此大特拉伊布而前進，則於左側，可望見家屋櫛比之舊金山市街之大部；於右側，則先歷哈巴・比由之大博覽會場中心。又由布列希台奧兵營經福脫枚遜，而金門灣之風物，可悉收於眼底。又進而至林哥爾痕・巴克，立於高丘大雕像之下，俯觀哥爾騰極脫，仰視阿爾卡資島及天使島，隔孟特希之翠陵而眺達馬爾巴伊山。若更進至金門公園，出其西北端，臨於浩淼無涯之太平洋上，縱眺落日之景。此紀念大道路，睥睨於舊金山市誠足以自豪者矣。

三、萬國及內國各種大會

　　大博覽會之設計，已詳述於前。茲擬記述者，即該博覽會開會中，尚有萬國及內國之各種會議也。而此各種大會，皆由大會委員決定而準備之，其中有略已決定者，亦有全未決定者。今舉其決欲開會者，則有萬國學藝會議、萬國平和會議、萬國新聞記者會議、萬國體育大會及內國諸大會等。而學藝會議，則會集世界各國各方面著名之學者，分教育、文學、醫學、經濟、法學、農學、理學及其他各科，由各國代表學者，各就其專攻之學而開會講演之。故此大會，非惟於學界有至大之稗益，並於他方面，能增進國際之友誼，且其大會記錄實示現世界學術開明進步之標準者也。平和會議者，開議於博覽會內之平和殿，以研究討論各國民之感情融和策、國際關係之親善增進法及戰時國際法等。新聞記者大會，則會集各國著名之代表的記者，凡關對於國際的親睦之責任及其他事項，皆互相交換意見，又與上述之諸種精神上會合相對。至體育大會如美國飛行大會、自動車大會、馬拉孫列斯短艇競賽等，為此大會中最有興趣之舉也。

　　昔千九百四年聖路易之萬國博覽會開會期中，所開之萬國及內國大會，種目凡六十餘（內國之小會議尚不在內），而美國教育會議，參列員多至五萬人。今巴拿馬太平洋萬國大博覽會開會期中，諸種大會之盛況，當有過之無不及也。

四、列國觀兵及觀艦式

大統領塔虎脫氏，前年四月曾派遣委員赴歐洲列國，請其參與斯會，所派委員中，特加入海軍少將斯脫痕頓氏及陸軍副少將愛德華特氏。此二將訪問各國，述其此行實帶勸請各國參加博覽會開會中世界陸軍觀兵式及世界海軍觀艦式之任務。而世界陸軍之大觀兵式，當於大博覽會會場內之練兵場行之。世界海軍之大觀艦式，則先令各國軍艦會集於大西洋岸之哈布頓洛特軍港。先於此處行大統領觀艦式，由是徐向太平洋進行，通過巴拿馬運河入金門灣，而再舉行大觀艦式，其壯可想矣。

五、會場內之各種設備

大博覽會會場內用水、燈火、消防、暖房、庖廚及關於機械之運動作業等場內之營業執務及出品，電氣、煤氣、蒸汽及壓榨空氣等之供給，尤為必要。故博覽會會社於此等務為充分之注意，決無罅漏。即如旅館一項，雖任市民自由組織，然聞會場內，亦劃出地區，而設備足容數千人之館舍，使賓至如歸，亦招徠之一法也。

六、太平洋（上）

（一）太平洋之發見

太平洋位於五大洋之中，為最雄之巨浸，其發見之時代較近。古代第九世紀之頃，雖傳聞亞剌伯人由經印度洋出太平洋而至中國，然世人多漠然不甚注意。降至十三世紀之頃，彼有名之探險家馬爾哥波羅由義大利經波斯越亞細亞大陸而達於中國。由是而世人之腦中，始印留太平洋之跡象，然其為若何之海洋，則尚無由想像。迨馬爾哥波羅及其後繼來中國者，先後歸歐洲，述極東之情事，太西人始漸漸注意，思得最短最穩東洋航路之希望。於是大探險家哥崙波，遊說西班牙王，使組織一保護艦隊，率之西航。然哥崙波遠航之結果，卒不能發見印度及中國，僅達於亞美利加之西印度諸島而止，此盡人而知之者也。

是時西班牙與葡萄牙，方爭雄海上，於此新陸地之尋獲，競爭甚烈。羅馬教王亞力山大六世，調停二國之間，凡千四百九十三年以後發見之新陸地，在太西洋中阿宿列斯羣島以西者，屬西班牙領；在太西洋中阿宿列斯羣島以東者屬葡萄牙領。然無何而葡人法斯哥達噶馬發見喜望峰航路，葡國之貿易遂遠及於西太平洋之斯巴伊斯島。而西班牙亦以全力探險亞美利加方面。至千五百十三年九月二十五日，其國探險家巴爾波阿，卒越巴拿馬地峽之最狹部，在其山巔，探見西方渺茫之太平洋。由是而哥崙波時代傳聞之新太平洋，遂實行尋獲，巴爾波阿呼之為南海云。

其後大航海家馬折朗氏，南下美洲大陸之東岸，犯暴風、凌怒濤，發見南美大陸極南之海峽，因以其名呼之。更謹慎從事，航過此海峽。以千五百二十年十一月二十七日，達於巴爾波阿氏之所謂南海者。航行數週間，波平浪靜，遂命名為太平洋云。無幾時，西班牙之遠征隊，征服秘魯，使為其領土。馬折朗海峽，為聯絡歐洲與美大陸西岸之通路。其後又由此通過南方霍爾痕岬焉。

由是太平洋遂為歐洲人所知。馬折朗渡此洋而至菲律賓，尋為其土人所殺。既而洛耶撒氏，循馬折朗之航路而發見麻喇甲羣島；撒韋特拉氏，探查新幾內亞島之北岸；孟達拿特奈拉氏，至蘇羅門羣島；英將撒富朗希斯特列克，亦曾一至麻喇甲群島焉。降至十七世紀，談比耶及羅極韋因等探險家，更發見探查澳洲大陸、新西蘭、達斯馬尼亞等島嶼。至十八世紀，太平洋之地理的發見，略略告終。同時更致力於北方航路之探究，然冰海前橫，終未得越雷池一步。至十九世紀，而太平洋上星羅棋佈之大小各島嶼，無不有歐人之足跡矣。

（二）太平洋之地理

太平洋之境界，東依北美大陸，西接亞細亞及澳洲大陸，為世界第一之大洋。其北達接亞細亞及北美大陸，而於白令海峽，則大為狹束。其南氾濫於澳洲與南美大陸之間，而遠接於南極圈之冰海。而其南方之境界線，雖有定其在通過新西蘭之南緯四十度者，然多數之學者，則謂迄南極圈即南緯六十五六度之線，皆包含在內。由是而言，其面積實不下一億萬方海里，約二倍於太西洋矣，比之陸地之面積，則盡沒地球上之全陸而有餘。又其東西之距離，於白令海峽之最狹部，凡三十六海里；於加利福尼亞州與中國之間，八千五百海里；於南美惠克華特爾之基脫市至麻喇甲諸島之赤道線，約一萬海里。至其南北之距離，則於白令海峽迄南極圈之間，凡九千三百海里云。

太平洋之東，美洲大陸之海岸，山脈連亙，而海岸線之出入甚少，惟加利福尼亞灣，頗深而狹。至南美南部智利之沿岸，則有無數之島嶼，散佈各處，形成多數之港灣。於北美阿拉斯加之南岸，島嶼及半島亦多，其西岸低下而海水不深。西方澳洲大陸之沿岸，為高山脈所限，而屈曲亦少，此處有良港如莫列頓灣及希特奈之波脫惹克孫者，實意外也。更北進至亞細亞之沿岸，則大部低下，而且不甚規則，又其接於大陸之諸水，多為島嶼或半島所環繞。即如白令海，則環以阿拉斯加半島與阿留相羣島；俄哥資克海，則環以堪察加半島及千島；日本海，則環以樺太日本諸島及朝鮮半島；黃海，則介於中國、朝鮮之間；中國海，則橫於亞細亞大陸與台灣、菲律賓、巴拉完、婆羅洲諸島之間。其他於馬來羣島間，有數多之內海，如蘇爾色列倍斯、朋達、阿拉夫拉諸海，其最重要者也。又阿拉夫拉海，通脫爾列斯海峽而達於東方。此海峽之東邊，依於新幾內亞島北部澳洲及眉拉惹諸島，有著名之珊瑚海焉。

（三）太平洋之歷史

（1）第一期，有史以前之太平洋。

古代之事，渺焉難稽，於中世歐洲人遠征時代以前，殆無可據之史籍，至於未開化之太平洋諸島嶼，其事實尤未從稽攷。據最近學者之研究，則謂太平洋上之諸島，在太古時，散在於西部者，連續於亞細亞大陸，散在於南部者，連續於澳洲大陸，現時稱為太洋洲之中部太平洋諸島，實別成一大陸者。至其例證所在，則南部太平洋之土人與西部太平洋之土人，固迥不相類，研究者遂由此得間耳。然此說多系推測，尚未可謂為正確之學說也。

古代太平洋諸島之土人，可約分二種。其一，皮膚暗黑，而顴骨突出，毛髮卷縮，口唇扁平，與亞非利加之尼革羅種族相似，稱之為尼革利脫族。其二，皮膚暗黑，眉目俊秀，骨格亦高，鼻端彎曲，毛髮堅硬，稱之為巴比安族。巴革利脫族，居菲律賓之山中及馬來半島。巴比安族之居地，以新幾內亞島為中心，而蕃殖於其附近一帶之諸島。此外尚有馬來種族者，其居住以蘇門答臘為中心，而蔓延於菲律賓、婆羅洲、爪哇、蘇門答臘之諸島，台灣之土人（生蕃），亦屬此種。他地人種，移居於太平洋上羣島者頗多。當古代時，白晳人種曾移居其地，可據種種遺跡而證明之。彼等自亞細亞東南方而經日本，由布哇撒莫阿等分佈於太平洋之諸島，更南進而至新西蘭；日本之蝦夷族，即其分派也。又蒙古種族，亦自亞細亞中部地方，橫越大陸，而進於印度、中國之方面，遂至菲律賓、婆羅洲、蘇門答臘之諸島，生種種之混合種族焉。

（2）第二期，發見時代之太平洋。

自馬爾哥波羅來於東方，而東洋之情事，始為歐洲人所洞悉。後巴爾波阿發見太平洋，馬折朗始親渡此洋，於是西班牙之冒險家來探檢者，前後相望。先是葡人法斯哥達噶馬，發見喜望峯之航路，葡國之遠征隊自西方來，進擊太平洋諸島。於千五百十一年時，麻喇甲已為葡人所攻略。馬折朗以千五百二十一年，至菲律賓羣島，於色布島為土人所殺，然其部下仍前進探險至婆羅洲，而後遄返故國。厥後探險者接踵而至，列嘎斯比氏於千五百六十五年入呂宋島，閱六年而羣島悉被征服矣。

未幾而荷蘭人亦於太平洋上爪哇、蘇門答臘、色列倍斯等羣島，掌握商權，以千六百有二年設立荷蘭東印度會社。當千六百年時，英國亦加於競爭之列。太平洋上之列國爭競，遂日益激烈。千六百有六年，西班牙人脫爾列斯者，探查新幾內亞全島，以國王之名佔領之。同年更發見索撒意企島，遂以其地為西班牙之殖民地。至千六百十年，荷蘭佔領爪哇島之良港巴太維耶，以為其根據地。當此之時，西班牙、荷蘭、英吉利三國，最佔優勢，而葡國於太平洋上之權力，遂漸次減削矣。

至千六百四十年前後，荷蘭於麻喇甲島，代西班牙而張其勢力。於千六百八十一年，遂佔領麻喇甲全地，此為荷蘭在太平洋上勢力極盛之時代。於爪哇置總督府，北方更經略台灣，然於台灣竟為海賊所驅逐。此時英國亦屢屢從事於新地之經營，千六百八十五年於蘇門答臘設立工場，營婆羅洲之貿易。降至十八世紀中，探險者接踵而出。嘎布丁崛姆斯·克資克氏，以千七百六七十時，巡航澳洲東岸，於其地樹立英國國旗。於是太平洋上之勢力，全歸於英吉利、荷蘭兩國之手，西班牙僅領有菲律賓而已。

（3）第三期，近代之太平洋。

如上所述，數世紀之間，太平洋上諸島，雖次第發見，然歐洲各國於太平洋上之勢力範圍尚未確定。英國東印度會社之勢力，日益增大。荷蘭在馬來半島之權勢，遂漸形不固。至千七百八十年，英國以荷蘭援助英領北亞美利加之叛徒為口實，而宣告開戰，襲擊荷蘭所領之東印度諸島，遂使割讓爪哇斯巴意斯、色列倍斯等地而罷。先是荷蘭國勢漸衰，殖民地之設施，亦不得宜。會拿坡崙戰爭起，在東洋之殖民地，多入於法國人之手，太平洋上英荷之競爭，遂一變而為英法之角逐。然至滑鐵盧一戰，拿坡崙之勢力，全墜於地，荷蘭遂再恢復東印度之舊領。千八百二十四年，英國亦拋棄蘇門答臘焉。當是時，荷蘭海上之勢力復活，探查澳洲、新西蘭等，為種種有益之發見。然英國是時，亦建設新嘉坡，割取香港，建拉布安殖民地。於千八百七十年時，更以馬來諸洲為其保護國。時列國之殖民熱，風起潮湧。德意志亦於千八百八十年，加入太平洋之角逐場內，遂獲得新幾內亞之一部及嘎羅林羣島、撒莫阿羣島等。法國亦占領新加引特尼亞及洛耶爾企、馬爾開撒斯、邦莫資、索撒意企等島。英國見德法二國如斯之舉動，遂亦占據澳洲附近之新幾內亞島東南部，其他如菲奇島及北婆羅洲會社所經營之婆羅洲北部，亦為英國所有矣。

最後加入於太平洋上角逐之場者，則為美國。千八百六十七年，向俄國收買阿拉斯加洲，繼更併吞布哇及撒莫阿諸島。至千八百九十八年，與西班牙戰，攘其菲律賓羣島。嗣後美國遂隱然以握取太平洋上之極大勢力為己任，其積極的之東洋政策，常足以聳動列國之視聽也。

七、太平洋（下）

太平洋為世界第一大洋，固已。然自歐洲文明國觀之，實為最新之海洋。故世界列強內注目於此方面，而互相爭競，此尚為近代國力比較之事。如前章所述，最初獨霸此海者，厥惟葡萄牙，既而西班牙、荷蘭等兼營並進，葡人之地位，遂為其所奪。繼則英、法、德等國之勢力橫行，漸不可遏。至最近十九世紀之末，美國攘取布哇、菲律賓、革阿姆等羣島，遂亦為太平洋上勢力雄厚之一國。歐美人有言曰："世界之將來，在於太平洋。"斯言也，今非空談，而成實際矣。我國自前清甲午戰後，海軍一蹶不振，於太平洋上之勢力，無一可言者。雖然，眇者不忘視，跂者不忘履。我既國於太平洋方面，則對於列強在此方面之現勢，寧能漠不加察乎？如欲調之，試觀所述。

（一）美國

美國欲於太平洋上得有根據地，故先於其太平洋岸，置軍港於米耶島，及彪崛資脫·撒溫特。米耶島在桑港灣（即舊金山）之北隅，軍港與伐列俄市相對。彪崛資脫·撒溫特，在韋克脫利亞灣內深處希阿脫市之對岸，與米耶島，皆為世界無敵之良軍港也。

離其本國，則以布哇之巴爾軍港（真珠灣）為根據。而於布哇之霍諾爾、菲律賓之加韋的及俄倫加波、碲阿姆島、撒莫阿島等，有二等以下之海軍根據地。就中以巴爾軍港，為最大之根據地，經營之工費，豫算須美金一千萬圓，現已並力經營，不日工竣。而其他之軍港，亦各各籌備，大有日不暇給之勢。今略述其各要地之武裝如下：

（1）菲律賓馬尼拉灣。

尼爾夫列爾島：十四寸砲四門，六寸砲四門。

哥列基特爾島：十二寸臼砲八門，加農砲六門，六寸砲八門。

斯比資克港：十二寸砲四門，七寸砲八門。

（2）布哇。

"窪意基"之"達伊耶門岬"：十四寸砲二門，六寸砲二門，臼砲八門。

巴爾灣：自"俄阿夫島巴巴斯角"迄"斯斯岬"皆配置十四寸砲，此外十二寸砲二門、十二寸臼砲八門、六寸砲二門。

（3）掰阿姆島。

六寸砲二門。

海軍分太平洋艦隊、亞細亞艦隊，及豫備艦隊。其編制如下：

	第一艦隊	裝甲巡洋艦	三隻	根據地：桑港米耶島
太平洋艦隊	第二艦隊	同	二隻	根據地：沙港彪崛資脫・撒溫特
亞細亞艦隊	第一艦隊	巡洋艦	二隻	根據地：菲島馬尼拉灣
	第二艦隊	砲艦	七隻	
	第三艦隊	海防艦	二隻	

此外有特務艦數只：

太平洋預備艦隊	三隻	根據地：沙港
太平洋水雷艇隊	一	根據地：加州聖崛哥港

（二）英國

英國在太平洋方面之海軍根據地，以香港（中國方面艦隊）、本貝（東印度艦隊）、希特奈（澳洲艦隊）為主。此外又於威海衛、婆羅洲、加拿大西岸及澳洲等設置要港。

海軍分極東、加拿大、印度三方面。其編制如下：

（1）東洋艦隊。

東洋艦隊，分中國方面艦隊及澳洲方面艦隊。中國方面艦隊，以海軍中將為司令長官，有裝甲巡洋艦、巡洋艦、砲艦、驅逐艦等各種之軍艦，其根據地設於香港。澳洲艦隊，以希特奈為根據，以中將為司令長官。

當企倫氏為澳洲總督時，定海軍貢金制度。澳洲及新西蘭，獻金於母國，而於澳洲海面，至少須置一等裝甲巡洋艦一隻，二等巡洋艦二隻、三等巡洋艦四隻、砲艦四隻。千九百九年，澳洲首相及國防大臣克資克氏，得議會之協贊，決定至千九百十二年，須建造裝甲巡洋艦一隻、巡洋艦一隻、驅逐艦六隻、潛航艇六隻。此項艦隊，平時由澳洲政府管理，戰時須遵英本國之指揮云。同時於新西蘭，亦決定建造"特列資特諾特"型式戰艦一隻。於千九百十二年竣工後，即使為中國方面艦隊之旗艦云。

（2）加拿大艦隊。

置根據地於完克窪島韋克脫利亞港附近之惠斯基莫爾脫，以非裝甲巡洋艦三隻編成之。

（3）東印度諸島艦隊。

置根據地於錫蘭島哥崙波，由巡洋艦及其他之附屬艇隊組織而成。惟現今英領各殖民地海軍建設熱甚盛，多主張更編制有力之艦隊云。

上述艦隊中之中國方面艦隊、澳洲艦隊及東印度艦隊戰時合而為一，屬於中國方面艦隊司令長官之麾下，總稱為太平洋艦隊云。

（三）德意志

德帝威廉二世常曰："吾人之將來在於海洋。"故其政府，常汲汲扶殖其海外之勢力，曩在大西洋上，於加拿利島獲有儲煤所。在阿非利加大陸，欲於摩洛哥得根據地，而與法蘭西相爭。又欲於土耳其亦設根據地，進而謀佔領紅海附近之一島，遂更伸其巨掌於亞細亞，欲於暹羅得一儲煤所。雖未達目的，然其結局，卒以德意志北部羅伊特會社之應用，而得一儲煤所。今並欲於婆羅洲謀得其根

45

據地矣。又荷蘭所領蘇門答臘島之西北利盤革灣之防備，現由德意志會社擔任，是荷蘭已入德國之勢力圈內。一朝有事，必為德國所利用，明矣。且此處為由歐東航之要地，即俄日交戰時，日本豫料俄艦隊所必由之路也。德意志現又謀於爪哇島斯拉巴耶設定可藏水雷艇隊之軍港，野心勃勃，日進不已。其他如膠洲灣為德意志極東艦隊之根據地（但此要塞防備而軍港之設備尚未完全），而於太平洋中，則領有加羅林馬削爾、撒莫阿馬利耶拿百留等羣島。雖於此等羣島，皆未為海軍根據地之設備，然遇有事之秋，固可隨時佈置，而於設定無線電信，尤為便利。依千九百十二年之海軍法，德意志將來當以大巡洋艦八隻、小巡洋艦十隻編成海外之派遣艦隊。其現時之極東艦隊，以中將為司令官，由大巡洋艦二隻、小巡洋艦三隻編制而成。

（四）法國

法國於印度洋西非洲大陸附近之馬達加斯加島，得有根據地。於太平洋面，則於安南之加姆朗灣，方汲汲從事於軍港之設備。而上之兩地，皆俄日戰役中俄國東洋艦隊之椗泊場也。法國近於西貢，亦擬建設海軍地，著手經營，不遺餘力。

法國之東洋艦隊，以少將為司令官，有裝甲巡洋艦二隻、砲艦二隻、通報艦並運送船三隻、河用砲艦三隻、附屬艦船二隻、使任極東方面之警備。

（五）俄國

俄國之東洋艦隊，於俄日戰役後，雖不能成軍，然今已謀恢復之策。又其以浦鹽斯海為根據之太平洋技[1]隊，則以少將為司令官。

---

[1] "技"，疑為"艦"之誤。——編者註

有巡洋艦二隻、水雷逐艦九隻、水雷艇九隻、潛航艇十三隻、運送船八隻、港用船十一隻。又別有黑龍江艦隊，以任黑龍江之警備，有"布利耶脫"型式砲艦十隻、"莫尼太"型式砲艦八隻、通報艦十隻、運送船二隻、曳船二隻、水雷艇三隻、汽艇五隻。又兼有浮船渠之準備，其根據地在哈巴羅夫蘇加。至俄國將來之防備計畫，為造築樺太阿列基散特羅夫斯克港，經營堪察加半島百脫羅剥洛斯克軍港，設備黑龍江口尼哥拉伊烏斯克軍港等。此等工事，擬與西伯利亞方面之鐵路，同時經營。又無線電信局，亦於沿海各地，陸續設備矣。

（六）智利

南美洲諸共和國，互伺交侵，擴張軍備，以致國力調敝。千九百有二年，智利與亞爾然丁，互結限制軍備之約，不許添造軍艦，即已在建造中者，亦約定轉售於他國。然此協約，至後忽失效力。智利先向英國定造"特列資特諾脫"型式戰艦二隻，其排水量凡三萬二千噸。現已備有戰鬪艦、水雷驅逐艦、潛航艇等。

觀上所列舉，歐美各國在太平洋上之勢力，可以概見。雖然，軍艦為移動性之物，一旦有事，他方面之艦隊，可隨時派遣。故欲豫測列強戰時實際之勢力，不可不調查其海軍全部。而軍艦又非可經久不敝者，欲增置新艦，所費至巨，故列國之海軍力，常消長無定，欲完全表示其實際之勢力，除專門家外，莫不難之。下所表示者，惟其大要而已。

	英　國	德　國	美　國	法　國	日　本	俄　國
戰鬥艦 隻數 噸數	四二七三六、 八五〇	二八四五九、 二〇〇	二六四五五、 四三〇	一五二五三、 五三一	一四二二二、 二三四	一一一九〇、 七七四
老戰艦 隻數 噸數	二三三二 五、〇〇〇	九九四、三 六六	九一〇〇、 〇七七	一〇一一 二、三二六	一一〇、九 六〇	三四二、七 五八
一 等 巡洋艦 隻數 噸數	五五七三 三、八五〇	一三一五 二、八四五	一五一八 六、五九五	一五一六 九、〇二七	一三一三 八、〇五二	六六三、三 三〇
二 等 巡洋艦 隻數 噸數	三九二二 七、三一〇	六三四、二 四五	三二〇、六 二〇	一二七八、 五四一	七三八、一 五六	八 五 二 六、一〇
三 等 巡洋艦 隻數 噸數	三四一〇 九、四八五	三四一〇 七、〇五九	一四四八、 七七七	二一六六、 七三	一三三三、 七一三	二六、三 九一
水雷驅 逐艦 隻數	二〇九	一四〇	四〇	八三	六一	八七
水雷艇 隻數	一一六	七〇	二八	一五〇	五九	七四
潛航艇 隻數	八四	一四	三九	九〇	一三	三七

千九百十一年列強之海軍力

備考：義大利雖亦有相當之海軍力，然於東洋方面全無關係，故略之。

觀上表，英國之海軍力，固依然有睥睨列強之概，然德國現方銳意擴張海軍，美國亦隱然有以海軍稱雄之志，日本亦追隨列強之後，不肯稍讓。返觀我國對於太平洋一方面，果立於何等之位置，能無悚然知警，瞿然思奮者乎？

舊金山之市場

一、位 置

　　舊金山市為加州最大之市都，且為太平洋沿岸商業之中心點（北緯三十七度四十五分五十五秒、西經百二十二度二十四分三十二秒）。桑港半島，橫於桑港灣與太平洋之間。舊金山市位於其北端，東對桑港灣，西沿太平洋，南達於散伯爾之山，地積共方四十六英里有半。通於其北部者，有哥爾騰極脫之水路，素以風光明媚著稱者也。闊一英里，長六英里，桑港灣與太平洋因此水路而互相連結，為舊金山市與北部海角之分界。桑港灣，南北六十五英里，東西平均十二英里，水波澄明。二千五百英尺之達馬爾巴伊斯山，屹峙於灣北，風景絕佳。乾姆是夫拉斯氏所著《亞美利加共和國》一書，其中評桑港曰："世界各地，可與桑港競風光之韶美，爭要塞之形勝者甚稀。以歐洲論，可與比肩者，惟君士但堡與直布拉他二處而已。"斯言蓋亦非偶然也。

二、人　口

　　據一千九百十年之調查報告，舊金山市之人口，共四十一萬六千九百十二。而以市廳為中心，散居於沿灣地方四週二十英里以內之民眾，凡七十萬。舊金山市郡之面積，四十六方英里有半。一方英里，平均有八千九百六十六之居民。

三、地　形

　　舊金山市建設於十四丘陵之上，西北一帶之地形，低昂不一。東部接近於桑港灣之地，係人力填築，殊為平坦，不過全市之一小部分耳。富豪邸宅，多集於北部丘陵之市街。市中擅延眺之美者，有的列豬拉夫希爾、諾布希爾、路希安希爾、西部之雙子山等。諾布希爾，高出海面三百英尺，雙子山高至九百二十五英尺。市之孔道，稱馬開資脫，共長三英里有半，廣一百二十英尺，由渡船所迄雙子山斜貫舊金山市。舊街與第四街之交叉點，每日通行之車，平均一萬九千百有六輛，此內共有市街鐵車三千八百二十六輛。馬開資脫以北之街衢，皆成正角，其與馬開資脫之交叉點，則成銳角。馬開資脫以南之街衢，為平行狀，與馬開資脫成為直角。向於東南部之商業區域，則準於地形，而街衢稍成正角。一千九百有六年地震之後，全市之商業區域，一時皆移於盤涅斯阿百紐、非爾莫阿、該利、撒他及波斯脫等街。然其商業區域，恢復甚速，已復歸於舊日之地位矣。

四、氣　候

　　舊金山之氣候，平均於七月為五十九度五分，於一月為四十六度一分，一年平均為五十六七度，見冰雪之時極稀。自十月迄四月上旬，為雨期，而中間雨量最多之時，為十二月及一月。據既往之三十年所觀測，則一年之雨量，約二十五英寸，時有稍少者。降雨日之平均數，一年中凡七十日。盛夏之際，其溫度時有升至八十度及九十度者。一月中雖亦有見冰霜之時，然如此者極稀。每日過午，輒起大風，吹散海霧。砂塵飛揚之處，亦所在多有，故出外宜常用外套。一年中為海霧所充塞者，約佔十分之六.六。一千九百有六年大地震之前，時時感有小震，然一千八百六十八年中，死於地震者，一人而已。舊金山一年中快晴之時，比華盛頓、紐約克、費市、市俄古、比資資巴克、聖路易諸市為多，此氣象台報告所明示也。茲將舊金山及前記各市一年間快晴之時間（數年中平均數），列舉如下：

聖路易	二千二百六十三時間	市俄古	二千四百二十三時間
費府	二千五百四十八時間	華盛頓	二千七百六十三時間
比資資巴克	二千二百六十六時間	舊金山	二千八百六十九時間
紐約克	二千七百二十九時間		

　　舊金山市之降雪，自昔迄今，僅有六次之記錄。其街巷中，四時之花不絕。

五、公　園

　　舊金山市內之公園及街園，大小凡三十有二，佔全市面積十分之一‧七。其中大者有六，就中最大者，為哥爾騰極脫公園。此園在中央西部砂山之間，其西端面於太平洋，廣袤佔一千十三英町之地積。雖乏古色蒼然之趣，然處處蔽以綠樹芳草；珍卉佳葩，有半熱帶產之植物。又有小池，有幽谷，有瀑布，羣熊戲於山，野牛眠於野。若夫音樂堂、博物館、運動場等，尤無不備具，其中又有日本式之茶亭。公園中央丘陵上高聳之十字架，乃一千五百七十八年時，英國著名航海家法朗西斯‧特雷克氏於桑港灣登陸，首次舉行英國禮拜式所留遺之紀念碑也。市之東部中國人街與該利街之間，有一小公園，其中央有金碧燦然之帆船，以為點綴。又由尼盎‧斯夫愛耶之中央，有巨碑巍然屹立，乃一千八百九十八年西美戰爭時，美國海軍戰捷，勒石銘功，以為紀念者也。

六、防　備

　　於利資企蒙特方面（哥爾騰極脫公園之北）下瞰哥爾騰極脫水路之一地點，有合眾國陸軍省用地，即一千七百七十六年，西班牙遠征隊創立之布列希台奧兵營也。內有軍司令部、陸軍病院及兵營等。港灣防備之工事，至為周密，且備速射砲甚多。其面積綿亘至有一千五百四十二英町之大。

七、港　灣

　　桑港灣為大陸所環繞，乃一絕大之港灣也，南北六十五英里，東西狹者四英里，廣者十英里，其面積四百五十六英里，沿岸線二百三十一英里。灣內可容全世界之軍艦，航行西太平洋之巨舶，不論何時期，及海潮之高低，皆得安全入港內碇泊，不受颶風、旋風之侵襲。舊金山市於震災之後，投資八百萬元，以為修理改良港灣之用。據專門家之評論，謂以石材及根克利脫新造之埠頭，其堅固冠絕世界云。港內有乾船渠二、浮船渠四。乾船渠之大者，長七百五十英尺，廣八十二英尺，可容最大之船舶。此外又有官用運送船船渠一所。一千九百十二年加州議會，已通過用一千萬元改良桑港之議案，則將來之舊金山市，必更有赫赫震人耳目者矣。

八、用　水

　　前四十年間，舊金山市本有一供水會社，及一千九百有六年罹於火災，知水量供給，實不敷用，遂擬於黑資企、黑資企伐列得用水之源泉，以補其缺點。中間雖遇幾多之障礙，而此意終不變改。遂於一千九百十年一月行特別選舉，以三萬二千八百七十之多數（反對者止一千六百有七），決議得合眾國政府認可之後，當以四千五百萬元，興大工事，於希愛拉山中黑資企、黑資企伐列之愛利拿湖，求給水之地。市民苟能達此目的，則舊金山市之用水，其利便實非淺鮮也。

舊金山市之防火區域，亘於五千三百英町，較紐約克之防火區域，凡大二千三百英町。現今已布設能勝高壓之鐵管九十三英里，更備置可容七萬五加侖之防火用儲水池，及以百十磅壓力於一分時間可迸出一萬加侖水量之防火用水艇二隻。又於市內最高地點即七百五十五英尺之丘上，設儲水池二，各儲水一千萬加侖。更擬設可容百五十萬加侖之分水池二所，及海水引揚所二處。以上之工事，今已著❶進行。舊金山市以此等之經營，共發行五百二十萬元之債券焉。

九、建　築

舊金山市於一千九百有六年之後，其大改面目者，為馬開資脫街。其罹火災之部分，自渡船塲迄伐安涅斯街，全長凡一英里有半，高樓巨廈，盡成焦土，令人不勝今昔之感。然新市不久復興，銀行、會社，相繼落成。南側第四街迄第五街，為四棟之大廈所蔽覆，其壯觀且勝前數倍。新建築物中之最壯大美麗者，為弗朗建築，需費凡美金二百萬元。其賃金之率，大為增高，於一千九百九年中，一個月間，每英尺之面積，須美金七十元之賃費。火災後頓易舊觀者，為馬開資脫街以南，愛爾蘭人之居地。蓋於火災之前，屋舍湫溢，為職工及埠頭苦力所聚居，不下數千戶之多。火災之後，彼等皆移居米資桑街，無一留者。但防火法既發佈實行，於所指定之地域內，

---

❶ "著"當為"手"。——編者註

不得有木造之建築物，故此地迄今未有建築物者尚多。銀行、保險、會社之集合地點，亦大有變化。加利福尼亞銀行，於加利福尼亞街與撒姆孫街之舊址，用花崗石建設古代型式之高樓，其壯觀足壓倒一切。與之望衡對宇者，為阿拉斯加國立銀行，亦具一種之美觀。其他之銀行、會社，大概皆就舊址，重行建築，均較前為優美。惟第一國立銀行，移設於蒙加莫利街與波斯脫街之邊角，以花崗石建設巍巍之大廈。桑港儲蓄銀行，移設於馬開資脫與豁朗特街之西南角，純以花崗石築造之。合眾國政府，亦撥出五百萬元，建設郵便局、造幣局、鎮守府、船渠、運送船供給所等。旅館之中，則巴列斯霍的爾，新造宏敞，遠勝囊昔。聖脫法朗西斯及弗阿蒙脫兩旅館，亦大加修葺，規復舊觀。舊金山市之旅館、下宿屋等，其總數凡一千二百三十有七，而最新式之建築物，佔十之九，客室共有六萬之多。都市對於大集會及旅客之設備，合眾國中之市會，舍紐約克一部而外，固無有駕於舊金山者也。

十、慈惠事業

以慈惠事業為目的之公私團體，市中凡二百有餘。而私立之團體中，如比削資布阿米的奇教會附屬孤兒院、阿利阿基布孤兒院、太平洋猶太孤兒院、青年監督所、克洛資加養老院等，其最著稱者也。此外從事於救護之協會，尚有十二所。而在此等慈惠協會之外，為積極的救濟事業，亦頗有極著效果者。

十一、教　育

　　舊金山市教育機關最佔重要地位者，為公立小學校九十六所，及中學校三所。據一千九百十年之調查報告，學生共五萬二百十二人。加州大學在對岸之巴克列，達朗特斯旦福特大學在桑港南三十英里之巴洛阿爾脫。此外尚有羅馬加特力學校、專門學校、加州工藝學校、私立學校，及幼稚園數處，又設立完備之圖書館。研究文學、科學之協會，亦復不少，其中最著名者，為加州地理學協會、加州歷史學協會二處。

十二、製造所

　　據一千九百有五年調查局之報告，舊金山之製造所（小工場、手工、個人作業等皆包含其中）合計有二千二百五十一處。此資本總額，計美金一億二百三十六萬三千三百七十八元；職工總數，計三萬八千四百二十九人。支付工銀，計美金二千五百一萬五千四百二十七元；諸項雜費，計美金一千二百四十七萬四千三百三十八元；製造材料費，計美金七千五百九十四萬五千八百九十八元；生產總額，計美金一億三千七百七十八萬八千二百三十三元。而其主要之生產物，為鑄器（即以金屬鑄成之器）機械類，其價格達於美金八百九十九萬一千四百四十九元；屠殺場次之，計美金六百六十九萬四千四百九十四元；出版業（新聞紙及其他定期刊行者）計美金五百五十七萬五千三十五元；麵包及其他之食品，計美金四百八十八萬二千一百九十九元；罐頭食物類及蔬菜類，計美金四百十五萬一千四百十四元；麥酒計美金四百十萬六千三十四元；咖啡及香料，計美金三百九十七萬九千七百六十五元；麥粉及其他食用粉類，計美金三百四十二萬二千六百七十二元；書籍印刷，計美金三百八十四萬九千四百五十九元。

十三、商　業

　　舊金山市所以於通商貿易佔重要位置者，以其有良好之大港灣，且其地位恰佔北美合眾國太平洋沿岸之中心點也。其港頭設備之大埠頭及大倉庫，足以招致貿易之船舶，自不待言。且其位置，通於太平洋而連絡布哇羣島、菲律賓羣島、中國、日本、澳斯大利亞、中央亞美利加、南亞美利加等。凡出入於此之帆船，皆以穀物及其他農產物遠輸於歐洲諸國。又有鐵路數條，與大埠頭、大倉庫相合，而促進合眾國各地之貿易焉。

　　至於近時，使加州及合眾國太平洋沿岸地方之交通、貿易，受一大影響者，即菲律賓羣島之開發，太平洋地方南海諸島、澳斯大利亞等新市場之勃興是也。因是而桑港、洛斯安提爾斯、波脫蘭特西阿脫爾及其他太平洋沿岸都市之新商業、新工業，駸駸而起，又其人口亦隨之而日有增加焉。從來合眾國之西海岸地方，與東部相離，與世界相隔，不能脫一種鄙野樸儜之地方的習慣。洎乎近來，則面目頓改，充分發揮大都會之精神，非亦其商業、交通進步之一結果乎。今觀合眾國之太平洋岸，其地理、氣候所影響，駸駸發達，正未可限量。而為其活動之中心，且握東洋貿易之關鍵者，厥惟舊金山，則其將來之發展，有非吾人所得而豫測者矣。

東洋貿易品中，近時日益增加者，為諸種機械、電氣機械、機關車、鐵路用品等。近年朝鮮京城、英領印度、哈伊索阿等向桑港購運之電氣原動力用具，暹羅及荷蘭領地向桑港購運之製造品，實非少額。又澳斯大利亞洲，氣候、地質，皆與加州相同，故每年向加州購農產甚多。

一千九百十年度，舊金山輸入商品總額，計美金五千六十四萬九千四百三十五元；新輸出商品總額，計美金三千六百四十一萬三千七百三十九元；金銀礦石金銀塊及金銀貨幣之輸入總額，計美金六百四十五萬二千六百有七圓。此等之輸出總額，計美金九百四十五萬七千九百六十七元。而金之輸入，過於輸出；銀則反之，一千九百十年度之輸出入總額，共美金一億二百九十七萬三千七百四十七元也。

十四、銀行業

據一千九百十年九月一日銀行監督官之報告，於舊金山營業之國立銀行，凡有十所。此資本金，合計美金二千七百二十五萬元。贏餘金，計美金一千五百六十三萬元；流通資本，計美金一千八百六十三萬三百四十五元；個人存金，計美金八千二百四十七萬八千七百三十五元。諸項財產，合計美金二億八千七百八十萬七千四百八十四元。而其票券兌換所，於合眾國中位於第七。一千九百十年度之兌換額，計美金二十二億六千八百六十七萬八千六百元，比之前年度，凡增加三億六千三十六萬七百元。

十五、財　產

據一千九百十年十月之調查，舊金山市所發之債券總額，共有美金一千六百三十一萬四千五百元。此中備自然抵消方法之負債，共美金二萬四千四百五十六元，故其純負債，止美金一千六百二十九萬四十四元。而舊金山市郡所有之財產總額，計美金三千四百四十三萬三千八百九十元。自一千九百十年至千九百十一年之財產課稅，就中不動產計美金四億三千三百二十六萬三千二百四十三元，動產計美金八千一百七十六萬三千九百二十一元，合計美金五億一千五百二萬七千六百十四元。其稅率為值千抽二。一千九百十年至千九百十一年之年度內，其徵收之稅額，市郡費計八百四十八萬二千四百九十七元，州稅計一千三十萬五百四十三元也。

十六、一千九百有六年之大變災

舊金山市逐年進步，於一千九百有五年，最為繁盛。不幸於次年四月十八日，忽起劇烈之地震，同時更罹亙古未有之大火災，全市之主要部分，悉就焚燬。當時市民驚惶無措，警鐘四起，火煙噴發者，同時有二十餘處之多。而水道以地震故，大遭破損，涓滴亦不可得。當局者知用水之不足恃，遂用爆藥與海水，以當防火之任。然港內船舶上之噴筒，雖悉數灌注，而猛火之勢，終不可遏。消防夫等，計無所出，遂退而與六百之警吏，專以維持市內秩序為務，以待布列希台奧營兵之至。既而夫列台利基・夫爾頓將軍，率營兵一千七百，風馳而至，以任商業區域之警備。又羞米斯市長以全市委於戒嚴令之管理，以備不測。此大擾亂中，僅出殺人案二，狙擊事件一，實可謂不幸中之大幸。計歷三晝夜，被火之處，凡五方英里，街市凡四百五十有八，直至南太平洋鐵道之沿岸線停車場而止。縱目彌望，盡成瓦鑠，真浩劫也。市中所有損害，如將未曾保險之財產，合併計之，約值美金十億元，死亡者共五百人。被災之後，羞米斯市長舉市民有力者五十人，使籌善後之策。然先是市長曾發令諸銀行，及儲蓄銀行於三十日間，一律閉鎖，故善後之舉，無從著手，良可嘆惜。至救護事業，則得合眾國赤十字加州支社之援助。舊金山救護委員及赤十字社員，專任其事。後羅斯福大統領以救護資金授於紐約克之狄法因醫學博士，任為合眾國十字社代表，派任桑港救護事業，遂更形周至。其後軍隊辭救護之任，狄法因博士遂總理一切而完全負責任。舊金山市至一千九百六年十一月十二日為止，收入之救護資金，共美金六百二十萬四千九百九十三元，支出共美金四百四十四萬三千五百八十八元。出入相較，尚餘美金一百七十六萬一千四百有五元。而各方面捐助之總額達於九百十二萬九千五百五十三元之多。

十七、歷　史

天主教法朗西斯派之教徒，欲宣播教義於加州土民，進至中央部而發見桑港灣。桑港灣之得名，實一千七百六十九年時也。後七年即一千七百七十六年，兵士與其地之移民，合為一小隊，奉墨西哥總督之命，前來桑港，佔領一帶之地，劃出陸軍用地（即布列希台奧），建設教堂及市街等。往時墨西哥政府，凡土地面積不足方四利古者，不許建設市街。桑港半島，東西狹隘，不能得法定之地積，故延長於南北，而劃定市街之地，稱之為歐爾巴‧普愛拿。其後一千八百四十六年，歸於合眾國版圖之內。至一千八百四十四年，始因桑港灣之名而改稱桑港市，中國人則呼之為舊金山。合眾國海陸軍屯營其地，陸軍軍人掌市政者凡二年。自是以來，市民次第增加，於一千八百四十八年，共有四百五十九人。其時掌市政者之計畫，擬於市民中選舉評議員六名，使處理市務。是年一月，忽於撒太溪流發見金礦。市民得耗，爭往開掘，留者止五人云。然無幾時而欲發見金礦之冒險家，浮海而至，市街頓為膨脹，商工業亦大有發達之徵兆。是時市政之紊亂，達於極點。一千八百四十九年十一月，加州人民相會決行憲法制定之大事業，請於中央政府欲編入州籍。至一千八百五十年九月九日，始得中央許可。齎此通告之汽船，抵於桑港灣，市民狂喜，此千八百五十年十月十八日事也（編入州籍之許可所以遲遲者，蓋加州人民反對奴隸制度，合眾國議會不欲承認，爭議久之，始行決定）。當時加州人口，共九萬二千五百九十七人，舊金山約一二萬人。一千八百五十年四月十五日獲有特權而市政稍稍就緒矣。

其後二年間，熱心於金礦事業而來加州者，凡八萬餘人（後十年加州共有三十七萬九千九百九十四人）。然婦女及家族之移來者甚稀，蓋來者多系不逞之徒，皆懷暴富之奢望。其來自澳斯大利亞方面者，最居多數，鹵莽之徒，充斥其間。其結果使舊金山之秩序及財政，大受擾亂。或為公吏，而貪得高資，或結商人，而專務苟得，種種不義之事，無所不為。一千八百五十一年，僅有人口二萬五千之舊金山市，至負擔美金百餘萬元之市債。於是善良之市民，以市政廳不足賴，法庭亦異常腐敗，不足維持司法之威行，遂自起而組織警戒委員會。於一千八百五十一年及五十二年中，捕市內暴徒，開審判，分別罪狀之大小輕重，加以懲罰。一千八百五十一年中，合眾國之立法部，更授特權於舊金山市，使以全力恢復安寧。然自是五閱年間，恆在土客勢力互相消長之中，尚不能豫測其孰為勝負。所幸邪不敵正，優終勝劣，而最後市政平和之曙光，遂漸次發現於桑港一部矣。

舊金山市移民驟增，競以粗惡之材料，建築屋宇，遂至火災頻起。其間所罹之巨災，一千八百四十九年一次，五十一年及五十二年各二次，財產之損失，凡美金一千六百萬圓。及閱年既久，舊金山市與群之關係漸多，其間遂生多數連帶之勢。至一千八百五十年，兩者遂並為一體。政務改良，漸達目的。降至一千八百五十年，輕躁無謀之投機業，大遭挫折，金礦之產額頓減，而舊金山市之商業，遂為之一蹶。幸而加州之農業，逐年發達。舊金山當貿易之要衝，故亦受其影響，獲益匪淺。一千八百五十八年，始漸回復。迨一千八百六十年時，舊金山市民所有之涅巴太銀礦，大獲利市，市面遂日以繁榮。又加以通商貿易之發達，舊金山市民附股之大陸橫斷鐵道，工事亦已告竣，利源日闢，遂駸駸然有一日千里之勢矣。

舊金山之政務，雖逐年改良，而一般政客，跋扈專橫，徒使識者憤慨咨嗟，無可如何。然及一千八百九十四年商業協會成立，市政遂頓改故態。先是全市之街道、溝渠以及教育事業，皆極端放棄，如有徵市民租稅者，則羣起而非笑之。至是而商業協會之會員四十七人，與市役員協力整理，挾百折不撓之精神，以實行改良。先自清道之小事業着手，成績漸著，一面更振作市民之公共心，以促市政之整理。然舊金山市有所謂"合同法"者，此法一日存在，市政即一日不能刷新。於是擬糾集人士，制定新法律以代之。此新法律之旨趣，專以明定官吏之責任為主。不幸而其第一議案，卒歸於失敗，然第二議案，更以一千八百九十八年五月二十六日，得市民之贊同。一千八百九十九年一月，得加州立法部之認可，遂以次年一月八日，而實施新法律。其參預於此新律之通過者，為新律編纂委員與商業協會員，然編纂委員之運動，殊乏誠意，故全無效果。而商業協會員則與其後入會之多數新會員，協力一致，通過此案。故此新法律之制定，雖謂為商業協會員之戰利品，亦非過言。據此新律，凡市政之全權與責任，悉歸於市長之手。在新律發佈之時，其運用頗能合法，市民亦表滿意，然施行既久，缺點浸多，亦有不足以饜市民之望者矣。

近時舊金山市長之知名者，以非蘭氏為最，故得市民大多數之後援，而更行連任，頗能竭誠奉公，汲引人才，使各得其所。乃其後大遭新聞紙之攻擊，聲望漸傾。由純虛米資氏乘之，以得獨立勞動黨之助，被選為市長。虛米資氏，雖無可任市長之幹才，然卒擊敗保守派民主黨及實業共和黨之聯合軍，而連任三次，肆行苛政。夫保守民主黨及實業共和黨所以失敗者，蓋當時鐵道會社、公共團、醜業者、酒肆、姦商以及與勞動同盟有關係之會社（虛米資氏為勞動同盟之候補人），協力擁護虛米資氏。保守民主、實業共和二黨，勢力不足與抗衡故也。然其時虛米資一派之專橫已極，亦有不能久據之勢。賄賂公行，政務紊亂，挾人種的及階級的之僻見，擅作威福，無所顧忌，使繁華璀璨之舊金山市，忽陷於慘淡黑暗之境。於是公正之士夫，溫厚之君子，擁護的拉氏起而發難。激戰之後，遂破達馬尼之勞動機關，斥其暗中主領路富氏，以開市政刷新之端緒。此次勞動黨之失敗，由於無智識之人民，不諳新式選舉投票使用法者為多，可謂異矣。

先是哥爾新聞社之路特爾夫・斯布列資克爾氏，見虛米資之無政，遂出資費調查其劣跡，而興一大疑獄。其結果卒使虛米資承認在職濫行徵款之罪，至一千九百有六年，處以禁錮之罰。同時路富氏亦罪狀暴露，處以十四年之禁錮。然路富氏狡展不服，至一千九百十一年三月，始受刑事之執行。其後市民鑑於前此選舉之不正當，及官吏收賄等，思設法防杜，遂於市制大加改正。而及於的拉氏市長第二期任滿，市政再歸於勞動黨馬加希伊之手。而其執政，不滿多數善良市民之希望，聲譽大衰，於千九百十一年之改選，遂遭失敗。而實業家及善政同盟之代表人羅爾夫氏，遂當選，繼為市長焉。

一千八百七十七年中，的尼斯加涅氏煽動勞動者，起而排斥中國人之運動，遂制定排斥中國人之苛律。其後排斥日本人之問題，亦相繼發生。及一千九百有七年，合眾國議會特改正移民法以解決之。

舊金山市與紐奧爾憐斯市為激烈競爭之後，遂得合眾國議會之認可，豫定以千九百十五年開設巴拿馬運河開通紀念之萬國大博覽會。市民所投資本金，達於美金七百二十五萬元之多，加州政府及市廳亦各助美金五百萬元。開會之日，必呈世界文明之盛況，此吾人所可拭目而俟者也。

美國稅關檢查旅具章程

千九百九年八月十三日，合眾國大藏省佈告稅關檢查旅具章程。茲錄之如下。

一、概　則

依稅關法及規則，凡由各外國抵於合眾國之乘客旅具及使用品，均須檢查。

檢查施行之前，須先使旅客報告其所攜帶之物品。

此報告定名為"旅具之宣誓及輸入願書"，須依規定之書式而填寫。

此宣誓書有二種。

第一，住居內地之人適用之宣誓；第二，非住居內地之人適用之宣誓。

此等書式，航海之船舶事務員，當發給於各乘客。

乘客既如式記名於宣誓書，其書式下端之箋札，須即取去。其書式，則當交付於船舶事務員。

填寫宣誓書，如有錯誤，即當作廢，但乘客不可毀損拋棄之，須交還事務長，事務長更給以新書式。

乘客之旅具及使用品，即登埠之後，乘客所持之箋札，當呈示於稅關監吏之案上，而監吏即為檢查之準備。

乘客對於其宣誓，須各自注意其記名，不可有誤。

二、乘客之區別

乘客分二種。

第一，不居住於合眾國者。

第二，居住合眾國者。

三、衣服類

合眾國居住民，不問其使用者與不使用者，凡各自攜帶及挾置旅具中之衣服類、貴金屬裝飾品，及其他之物品或於海外購得，或以他方法而受得者，皆當宣言其物在外國之原價及價格。

其衣服、貴金屬及他之物品，本系合眾國製造物，以欲增加其價格，而在海外將其改造及改良者，須於說明書中，詳述其改良時所需之原價。

又物品或為他人所有或系販賣者，宣誓書中務須說明。

合眾國之居住民，所攜外國之物品，於外國價格值百元者，當許為免稅品，但以正當宣誓其非販賣品者為限。

前項所謂價值百元之免稅，對於乘客未及丁年者實際使用之物品，概不適用。故凡未及丁年者於外國所得之衣服類及使用物品，皆不得免稅，但此稅適當之輕減，可由評定官酌定施行。

合眾國居住民，由合眾國攜至外國之被覆物及個人私用品，未曾改造及改良者，均作為免稅品，可以攜回。

合眾國居住民，在外國購得或以他方法受得之衣服類及他之物品，不得於其價格中自行除去一百元之免稅。其免除之職權，當由埠頭官吏任之。

非合眾國之居住民，所攜衣服類（凡有衣服類之性質者皆屬之）及個人用裝飾品、化妝用物品及類此之物品而為旅行中必需之被覆及使用者，苟非為他人攜帶及有販賣之性質者，皆得作為免稅品。

四、煙葉卷類

乘客如攜帶雪茄煙及紙煙類，務須明白宣言，蓋此非含於一百元之免稅中者也。

乘客每人，可攜雪茄煙五十枝及紙煙三百枝，得免海關稅及內國收入稅。

五、物品之記載

一家族中之年長者，若為乘客，可作全家族之願書。

婦女為單獨旅行時，則於此等之宣誓，須說明其事實，可於願書中聲明，請其從速檢查。

乘客所攜之靴、箱、包裹及各種提袋等欲隨身者，皆當於宣誓書中說明其正確之件數。乘客在外國所購之物品，其發票如尚保存，不論何時，可以出示，以為價格之憑證。

六、異議及覆檢查

埠頭之稅關官吏，對於有稅品所定價格，乘客如不滿意，可要求覆行檢查，但此要求，當向該處之官吏為之。若不能達此要求之目的，則可將包藏其物品之容器，托稅關保管，盡首次評價檢查之後二日以內，以書式送呈於稅關長，要求其覆檢查。

覆檢查之要求，如在物品脫離稅關之保管以後，則概不受理。

乘客之旅具，如欲運送於所抵埠頭以外之合眾國諸埠，可向埠頭之稅關官吏陳明。又欲運送於外國而經過合眾國者，均不徵收關稅。而此項旅具之運送，可由埠頭之各鐵路及轉運公司等代理人代為經理。

乘客之旅具，若欲納保稅而運送，則當指示其原由。而於檢查旅具以前，當於此等宣誓書中，說明其價格。

七、旅具稅金之繳納

政府之官吏，對於稅金之繳納，於流通之貨幣以外，不論如何貨幣，不得受取。然納稅者如無流通貨幣，須向他處設法換取者，得於二十四小時以內，將旅具留置於埠頭。

八、稅關官吏不得收賄

稅關官吏當忠告乘客不得納賄賂及謝金,而稅關官吏如有收受賄賂及謝金者,應得免職之處分。

稅關官吏,如有無禮及不法之事,可報告於稅關長、副稅關長及埠頭之副監視官或國庫書記。

九、家　財

一家族所攜之家具類,苟專備使用,而非為他人攜帶或販賣者,可作為免稅品。

其為他人攜帶或販賣之物品及家具,乘客不可不明白宣誓之。

如欲官吏於其家具物品通過稅關時,迅速查照,及離去合眾國之人,攜歸貴重之個人用品及家具,欲使其易於通過稅關,可先向出發埠頭或開始旅行埠頭之稅關長,陳明其意。

據千八百九十七年之議會法,凡於北太平洋中捕獲之海豹皮全部及其一部分所製之衣服,皆不得輸入合眾國。而有此物者,苟非立滿足之證據,稅關長確認其為非禁止品,概不得輸入。

巴拿馬太平洋萬國博覽會出品分類綱目

一、美術門

本國美術家之著作，無論曾經賽會與否，皆得陳列。

第一部　繪畫

【第一類】　布面、木面、金屬面，用油蠟、蛋黃膠及他物所繪之畫　琺瑯質陶土面及各種磁面之有繪畫性質者　各種山水字畫

【第二類】　水彩、顏色、白粉、木炭及鉛筆在各種面上所繪之畫　象牙及假象牙上所繪之雛形

第二部

【第三類】　一色或多色之圖畫製版　鉛筆、毛筆寫之石版

第三部　雕刻

【第四類】　隆起深淺之鑄塑　用雲母、石銅或他種金類、陶土、石膏粉木、象牙或別種質料所造之半身小像　一人或數人相聚之像

【第五類】　石膏粉及陶土所造之模型

【第六類】　賞牌、徽章、圖章等

【第七類】　石、木、象牙及他質料之雕刻

第四部　借品

特別有味之各種美術品，得向各團體及私家珍藏者商借出賽，以表示本國美術特色、美術館禁賽品如下：

（1）仿造品及用機械所作之物

（2）圖畫雕像未備框架者

二、教育門

第五部　初等教育

【第八類】　幼稚園

【第九類】　初級教育

【第十類】　教師之練習及給證

【第十一類】　繼續學校包含夜學校、假期學校及他種特別練習之學校

【第十二類】　職業教育用特殊教法及練習者

　　立法　組織　統計大概　學校之檢查及管理建築　圖本模型　學校衛生　教授法　成績品

第六部　中等教育

【第十三類】　中學校、師範學校、手工練習學校、甲種及中等各種實業學校

【第十四類】　教師之練習及給證

　　立法　組織　統計　建築　圖本模型　檢查　管理　教授法

成績品

第七部　高等教育

【第十五類】　關於入校時之需要　所設之試驗及檢查部

【第十六類】　大學校

【第十七類】　理科、工科及其他實業學校

【第十八類】　專門學校

【第十九類】　圖書館

【第二十類】　博物院

立法　組織　統計　建築圖本及摸❶型課程　章程　教法　管理法　調查等

第八部　關於美術之特殊教育（教授繪畫、音樂之學校）

【第二十一類】　美術學校

【第二十二類】　音樂學校

教授法　成績　立法　組織　統計大概

第九部　關於農業之特殊教育

【第二十三類】　中小學校所授之農業教育　男子農學會　女子農學會

【第二十四類】　高等農學校實驗場、林業教育、教法及成績

課程　實驗　研究　成績　轉運法　立法　組織　統計大概　建築　圖本及模型

第十部　商業教育

【第二十五類】　商業學校及關於商業之高等教育

---

❶　"摸"，當為"模"。——編者註

第十一部　工業教育

【第二十六類】　工業學校　工業夜學校

第十二部　關於身心不完者之教育

【第二十七類】　罪犯教育

【第二十八類】　盲瞽學校瞽者所用之印刷品

【第二十九類】　聾啞學校

【第三十類】　有心病者之學校

【第三十一類】　跛者之特殊學校

【第三十二類】　對於有肺癆兒童所特設之戶外學校

管理　方法　教科　成績　教授之特殊用品　立法　組織　統計　建築圖本及模型

第十三部　特殊教育　教科書　學校器具及用品

【第三十三類】　夏令學校

【第三十四類】　課餘講演　通俗講藝　公眾學會及函授學校

【第三十五類】　科學會關於科學之旅行調查及研究

【第三十六類】　關於教育之印刷品、教科書等

【第三十七類】　學校器具及用品

第十四部　兒童及成年者之體育

【第三十八類】　講演及會議關於生理學及運動衛生、身體檢量術、校內運動及體育之理論等

【第三十九類】　體操學校操場、講室等之照片本

【第四十類】　各校成績及其體操法等

三、社會經濟門

第十五部　研究調查及改良社會現狀及經濟情形之各種機關

【第四十一類】　公立各種局所等

【第四十二類】　慈善事業之會社及教堂等私立團體、商業組織及博物院等

【第四十三類】　改良社會之會社及其特殊教育機關書報、集會

【第四十四類】　社會現狀之考察及其特殊之研究

第十六部　經濟之本源及其組織

【第四十五類】　天然之富源及其特徵　工業之擇地分配及其組織　工業統計大概　政府對於工業之提倡

【第四十六類】　本國富源之保守方法

第十七部　人口學　改良人種學

【第四十七類】　人口之種類特徵及移徙統計法及其所用之器具等

【第四十八類】　入境居住問題

【第四十九類】　改良人種學

第十八部　衛生

【第五十類】　生命統計表

【第五十一類】　生長及滋養物、食物

【第五十二類】　兒童衛生

【第五十三類】　傳染病

【第五十四類】　國家及市邑衛生　關於公眾衛生之事業及關於衛生之實驗室

【第五十五類】　病人之看護　身心不完全者之看護　救生法

【第五十六類】　工業衛生　職業病（業此職者所常有之病）

【第五十七類】　特別衛生（關於轉運海陸軍炎暑、心智、男女齒牙之衛生）

【第五十八類】　關於衛生之書報及各種印刷品

第十九部　煙酒及有醉性藥

【第五十九類】　煙酒及醉性藥於生理上及他種之關係　消費及其代價之統計表　勸減煙酒之各種組織

【第六十類】　關於煙酒營業之法律及章程　公私酒業之經理

第二十部　勞動者

【第六十一類】　工場、礦場及他工作之章程及審查女子、兒童之作工者

【第六十二類】　工人職業之團體　僱主職業之團體

【第六十三類】　工業報償之法制、工資及生活費

【第六十四類】　工業與僱主之爭論及其斷定　失業之統計表　失業者之待遇

【第六十五類】　工場上意外死傷之統計及其預防法、僱主之責任、工人之賠償

【第六十六類】　公益事業

第二十一部　協同組織之各會社

【第六十七類】　協同組織之生產分配會社

【第六十八類】　協同組織之銀行兌換　社會及鄉村兌換機關

【第六十九類】　協同組織之建築會社

【第七十類】　協同組織之農業會社

第二十二部　銀行及儲蓄機關

【第七十一類】　國家銀行、私立銀行及墊款銀行

【第七十二類】　儲蓄銀行　郵局儲金、他種儲蓄及墊款機關

【第七十三類】　各種保險，如人險、火險、傷險、海道險等

【第七十四類】　交際保險　公僕退職之備金

第二十三部　慈善事業及遷善事業

【第七十五類】　孤兒等之看護

【第七十六類】　窮獨無告成年人之看護及教育　身心不完全者之看護及教育

【第七十七類】　貧家之援助

【第七十八類】　監防社會事業之管理及教育

【第七十九類】　罪犯統計表　罪犯之證明

【第八十類】　監獄罪犯習藝室　監內工作

【第八十一類】　遷善公所　罪犯之教育

【第八十二類】　少年犯　身心不完全之罪犯

【第八十三類】　未定之裁判　審問及口供援助

第二十四部　立法之預備批准及實行

【第八十四類】　立法參考局所等人民提議法律、評論法律及請撤法官之舉動　提倡國家及市廳立法統一之效果　警察制度及警察之管理　審判廳及審判廳手續之改良

第二十五部　選舉法

【第八十五類】　有選舉權者之資格　政黨之組織選舉法（澳洲

投票法）　簡單投票法、投票機　選舉用費之限制及宣布　賄賂不正之防範法

第二十六部　公益事業及章程

【第八十六類】　國家、市廳及私立之公益事業、辦公事之局所等

第二十七部　市政之進步

【第八十七類】　市政之統計表

【第八十八類】　地方自治與國家之關係　特許權治理之系統

【第八十九類】　市政之活動　方法器具及其成績

【第九十類】　提倡節儉及敏幹之公私各機關

第二十八部

【第九十一類】　城市之佈置　房屋之構造

第二十九部　消遣之事

【第九十二類】　公園遊戲場及各種消遣之處　浴室泅水池　海浴之海岸　校舍中之交際室　各種公眾娛樂地商業消遣

四、文藝門

第三十部　印刷術（設備、方法及出品）

【第九十三類】　鉛印、石印、銅版印、仿印及在石、銅、鋅、鉛等上雕刻所用之機械及器具

【第九十四類】　照相、印刷所用之機械

【第九十五類】　製造字模所之設備、器械及出品印字房所用之

副助品及省力器、製鉛版、電氣版等之方法及用其電墊之器具及方法

【第九十六類】　安置分配及鎔鑄字模等之機械

【第九十七類】　印刷鈔票、郵票、國債票等之特用器具及設備

【第九十八類】　打字機及各種複寫機

【第九十九類】　黑色或他色之印刷、石印銅版及他種印刷之樣本

【第一百類】　雕刻圖畫之原本、仿印或用照相放大、縮小之標本

第三十一部　書報及書籍裝訂法

【第一百一類】　日報、雜誌及各種期報等　報館之模型或照片排登告白及搜集新聞等之方法　出版之方法及手續

【第一百二類】　搜集書籍之特別圖書館

【第一百三類】　新出版之書籍　舊書新版之書籍

【第一百四類】　書報、雜誌所用之圖畫、地圖畫冊

【第一百五類】　關於音樂之書籍等

【第一百六類】　音樂譜稿

【第一百七類】　裝訂書籍之設備、方法及製品

【第一百八類】　裝訂蓋印書面施浮凸飾及塗金等之標本

【第一百九類】　特殊精巧裝訂法

第三十二部　地圖

【第一百十類】　地圖　海道圖　地球圖　關於地理、地質、水道、天文等圖

【第一百十一類】　關於某地特詳之地圖及模型

【第一百十二類】　地球儀　天球儀　統計表

【第一百十三類】　天文學家測量者及船上執業者所用之海道圖表、日誌等

第三十三部　造紙（原料、設備、方法及成品）

【第一百十四類】　製造紙及厚紙、名片紙原料之搜集

【第一百十五類】　由破布、禾草、木料等造成漿質之設備及方法

【第一百十六類】　手造紙之器具及方法

【第一百十七類】　機器造紙之設備及方法、造無窮紙之機械切割上磁釉及壓使光滑之各種器械

【第一百十八類】　製造特別紙及牌紙之器具及方法

【第一百十九類】　紙廠之製品，包含尋常及特別未造成之紙　書報、地圖、鈔票、圖畫所用之紙　照相等所用之紙　尋常寫字紙　包裹用紙　滲墨紙　濾紙　廁所用紙　糊壁紙　訂書用之厚紙　牌紙或名片紙　厚合紙　壓實紙　冒漆合紙等

第三十四部　照相術（設備、方法及出品）

【第一百二十類】　照相術所用之材料、器具　照相室之裝置　幻片動畫等

【第一百二十一類】　在玻璃紙、木布膜、琺瑯質上所照之正負照片　在印章之照片　照片石印　放大及縮小之照片　有色照片　直接或間接有色照片之刷印　科學上及他種應用之照相術

【第一百二十二類】　圖畫的照片

第三十五部　精細測量器、科學儀器等　錢幣及獎牌（設備、方法及成品）

【第一百二十三類】　物理研究實驗室所用之器具　數學器械　應用幾何之器具　物理的精細測驗之器具　高等尺秤　顯微鏡　高等溫度計　指壓機　量面積器　現時器等講堂用器

【第一百二十四類】　陸地測量之器具及方法，包含地形測量羅盤針、小準測量之用器、轉鏡經緯儀、輿地學所用各器、量生計等

【第一百二十五類】　天文學所用之器具及方法　遠鏡及其附屬物　天文照相器及照相透鏡、翻射鏡　天文時鐘

【第一百二十六類】　航海之器具及設備，包含六分儀、航海用之羅盤、量速度器、測量深淺機時鐘、測候學用器、溫度計、晴雨計、量風速度器等

【第一百二十七類】　量電流及電之現像各器　實驗室所用之電爐用墊電池　研究各種科學之應用電學器械　電量標準

【第一百二十八類】　量光術　量光之強度、分散及照力之器具標準

【第一百二十九類】　軍事上所用之遠鏡及翻射日光鏡等

【第一百三十類】　尋常所用之光學器械　遠鏡　雙筒遠鏡　劇場用鏡　海陸軍用雙筒遠鏡　顯微鏡　察目力之透光眼鏡

【第一百三十一類】　計算機　數量登記器　各國度量衡

【第一百三十二類】　製造錢幣及獎章之設備　衡金屬之器　試驗合金標準之用器、鎔鑄捲印鑽洗驗重及發行前核對之各器　製造錢幣、獎章印模之設備　關於錢幣、經濟、統計等之論著

第三十六部　醫術

【第一百三十三類】　關於解剖學、組織學及黴菌學用器械器具

解剖模型　病理上、組織上及黴菌上之設備

【第一百三十四類】　淨裹傷用器之器械及淨他種用器之器械

【第一百三十五類】　關於普通及特別醫術研究用之器具

【第一百三十六類】　外科上普通、特別及專用一部之器具

【第一百三十七類】　療科、外科、牙科用之電氣器具光線

【第一百三十八類】　裹紮創傷之用具

【第一百三十九類】　接骨換骨之用具　療踝用具　療僂傴用具醫藥運動用具、特殊療學所用之材料器具

【第一百四十類】　牙科用具　醫牙法　人造牙

【第一百四十一類】　老弱有廢疾者及瘋人之用具　人造手足、人造眼

【第一百四十二類】　海陸軍所用盛盒之器具藥品　戰時創傷急救之用具　猝傷急救之器具　載運病兵及負傷兵之車輛等

【第一百四十三類】　救溺死及氣閉之用具

【第一百四十四類】　獸醫用具

【第一百四十五類】　製造藥品之用具

第三十七部　製造化學品及藥品（設備、方法及出品）

【第一百四十六類】　實驗室用具　吹大筒　壓榨器　烘爐濾器化學實驗室所用之電爐及生熱用電池

【第一百四十七類】　分析商品及化學品用具

【第一百四十八類】　製造動物質化學品之設備、方法及製品造磷酸鹽肥皂燭庫里斯林

【第一百四十九類】　用電氣分析法製備化學品如綠氣、曹達及漂白粉

【第一百五十類】　製造植物質化學品及漆之設備及方法

【第一百五十一類】　製造礦物質之設備及方法（指用於發光生熱及作滑者）

【第一百五十二類】　製造礦物質用於發光生熱及作滑之副產物精煉之石油潑賴芬油

【第一百五十三類】　工廠廢物使散入水道或空氣之設備及方法（用化學法或電學法）

【第一百五十四類】　製造木炭及其副產物之設備、美既兒酒精亞細頓亞賽的酸、木脂木精、酒巴羅里酸、焚燒木炭時之產物

【第一百五十五類】　壓氣體及使氣體為液體之器具及方法　化液之氣體

【第一百五十六類】　製造假織品之器具及方法

【第一百五十七類】　製造藥品之器具及方法　製造藥品之原料礦物、動物、植物質所造之粗藥、藥粉、藥品等　洗、剝、切、割粗藥物之特殊器具、痘苗等

【第一百五十八類】　消毒藥品、消毒藥品之測驗及製造藥物之保存及淨洗等

【第一百五十九類】　酸性、鹹性各種化合物、從化合物所得之各種元素及未入他類之化合物

【第一百六十類】　煉成之硫及煉硫時之副產物

【第一百六十一類】　造磷及火柴之設備、方法及產物

【第一百六十二類】　藥物之攙和　攙和之方法　攙和之檢察

【第一百六十三類】　化學廠之各種出品　鞣料、蠟油、膠水等香水、脂粉及各種修飾品　釉藥、印刷墨水及靴墨

【第一百六十四類】　各種橡皮、假橡皮

【第一百六十五類】　染料、繪料、漆及填充物

【第一百六十六類】　工業上所用之改性酒精

【第一百六十七類】　製造鈣石及生亞西替鈴氣之設備、器具及用品

【第一百六十八類】　殺蟲劑　殺菌劑及殺寄生蟲劑造法及用法

【第一百六十九類】　炸藥煙火術　炸彈作記號之煙火

第三十八部　樂器（材料、方法及製品）

【第一百七十類】　製造樂器之資料及方法

【第一百七十一類】　金製或木製之管樂器，如簫、笛等

【第一百七十二類】　金製管樂器簡單之式有長管活動器、唧子調律鍵簧等

【第一百七十三類】　有調律板之管樂器、踏風琴、手風琴等

【第一百七十四類】　無調律板、用手指按彈或弓拉之用弦樂器

【第一百七十五類】　用打擊、摩擦發聲之樂器鼓、鐃、鈸等

【第一百七十六類】　自動樂器　筒琴或掌中風琴、八音琴、機械發音之洋琴等　留聲機　談話機等

【第一百七十七類】　樂器之各零部及樂隊之用器、樂器所用之弦線

【第一百七十八類】　原人的粗劣及奇異之樂器

第三十九部　劇場之用具及設備

【第一百七十九類】　劇場之內部設備及特殊器具

【第一百八十類】　預防及救護火患之設備

【第一百八十一類】　佈景畫簾帘　金製簾　紗網　顏料　畫刷　顏料板　網具　特殊鐵造物　光線　電燈設備　多枝燭台　顏色簾

假造火燄、煙、電光、煙火之用器射影　奇怪燐光等

【第一百八十二類】　舞台所用之機械絞盤　箱匣　轉動台　滑動板　小手押車　暗門機　抵重器制動機

【第一百八十三類】　衣飾　各種材料上所印刷之特殊材料、甲冑、珠寶等　足衣、跳舞鞋、假髮、假須、修飾品如脂粉等

【第一百八十四類】　假造各種現像如雷電風雪、槍砲聲之器具　各種紙造物、配景之器具

【第一百八十五類】　電話、電報及無線電話、電報等　聾者所用之特殊器具　關於此類所用之器具及特殊設備

【第一百八十六類】　火警報告制度及設備警察記號　守夜人之記號及其設備　電氣報告及未歸類之各種用電記號

第四十部　土木及戰事工程

【第一百八十七類】　建築材料（除木料、石料、金屬料、磁料外）　石灰、水門汀、三合土、人造石等與其製造之設備及方法

【第一百八十八類】　檢查建築材料之方法及用具

【第一百八十九類】　建築料之預備　石匠、木匠、鎖匠、鉛匠、上磁油匠、畫工、洗拭匠等所用之器具及方法

【第一百九十類】　土工所用之器具及方法　手用器具　掘鑿器、刮泥器、手車、載廢物車、小鐵路荷車等

【第一百九十一類】　戰場防禦及其附屬物　用於戰事之工程資料

【第一百九十二類】　築基礎之方法及用具（除唧筒外）　杙打杙機　螺旋杙　用氣的器具、防水、潛水器等

【第一百九十三類】材料運輸分配之設備及方法　傳送器　升降

機　氣筒

【第一百九十四類】　維持街道、馬路等之設備及方法　馬路所用之電動機

【第一百九十五類】　照耀海峽、礦場及航路標識之設備及探海電燈等一切建設之海陸軍材料　燈塔及其設備　海岸、海峽及海港之航路標識、浮標、霧時報警鐘

【第一百九十六類】　儲蓄及分配水之設備、方法、灌溉法等

【第一百九十七類】　城市衛生之設備及方法

第四十一部　土木工事之模型圖畫及計畫

【第一百九十八類】　馬路及他種公路、城市街道之修築及維持

【第一百九十九類】　內地航行　河之改良　運河道、水閘、蓄水池、洩水渠及支流等之建築濬泥機、沉杙機、打杙機、回折水流機、削括及淘浚沙土等之水射器械　汲水所機械的拖船方法　發達內河商埠之設備

【第二百類】　海港（設備大概）埠頭之棧橋、船塢、碼頭、船渠　除船舶外各種發達之設備

【第二百一類】　橋樑、棧道、鐵道、馬路及只可步行之小橋

【第二百二類】　海岸　運河

【第二百三類】　防禦海水及河水漫溢之方法　堤陂放水溝及海塘

【第二百四類】　鐵道之圖樣，如路線、工廠、隧道、高起鐵道、洞道等

【第二百五類】　關於土木工事之統計地圖及各種著作　關於工業會社所會議之事及他事

第四十二部　建築術

【第二百六類】　已完成建築物之圖畫、模型及照片

【第二百七類】　美術的建築物之詳細圖畫、模型及照片

【第二百八類】　翦嵌物品　嵌鉛玻璃及翦嵌玻璃

第四十三部　建築工程

【第二百九類】　公署及商業上所用之屋宇、大小住屋、平屋、客寓及他種建築物之模型、圖畫

【第二百十類】　基址、牆壁、隔板、地板、板屋脊、梯階木類及金類、欄杆等之模型、詳圖及說明書

【第二百十一類】　保安、舒適、特殊設備之計畫及模型，昇降機、活動梯階、門窗房屋信號、火災時走逃器及空氣流通器等之計畫及模型

【第二百十二類】　關於建築工程之商業、石工、木工、漆工等之作工圖　繫門、拱笠、石筒形天花板等之計畫及模型　牆壁之塗刷及建造、油漆及上釉藥

五、製造物品及各種工藝門

第四十四部　文房器具　寫字檯及各種附屬品、技藝家之材料

【第二百十三類】　製造文房器具　計算簿　習字簿　包封袋外包用之設備及方法

【第二百十四類】　製成紙　牌紙（薄而有光澤之紙，用以造名刺）定格紙　硬紙或裝飾紙、雜記紙、包封袋類　學堂習字簿

記事簿　雜記簿　習信簿　賬簿　書面　菜單紙　紙牌　紙製之箱函　製紙煙紙之包裝

【第二百十五類】　屬於寫字樓之器具　墨水筆　鉛筆　筆軸　堊筆軸　封蠟及封糊、壓字尺　墨水架　活版印刷及他類

【第二百十六類】　技藝家用以繪畫、建築、雕刻、製圖（在木上用熱力或壓力製成圖形）及圖畫用之材料　建築師、寫刻師、雕刻師、燃火人、製模型師所用之畫布、銳版、線版、堊筆、刷字毛筆及數學器具模寫用之紙或布、羊皮紙、彩色假漆、木炭著色堊筆、刷筆、畫架、顏色箱及技藝家所用之材料，為上目錄所未列入者

第四十五部　刀

【第二百十七類】　因製造或琢磨刀類之特別設備

【第二百十八類】　大餐刀　可置之衣袋中之刀　刀身不能移動之刀

【第二百十九類】　園圃用之刀及他職業所用之刀

【第二百二十類】　剪刀及器具、箱子之附屬品

【第二百二十一類】　各種剃刀

【第二百二十二類】　精鋼所製之利刃

【第二百二十三類】　小銀匠所用之器具

【第二百二十四類】　各種開口軍器（如劍刀之類）

第四十六部　金銀匠所用之器具（應用方法及出品）

【第二百二十五類】　製造品之特別設備　手用器具鑄造上之裝備　機器（如旋盤天秤等及他類）　關於電氣鍍金之裝備　工作之方法

【第二百二十六類】　金銀匠用金銀、青銅及他金屬所製之工

作、供宗教及尋常用者　鍍金器具　鍍金、鍍銀物品之各種方法

【第二百二十七類】　釉藥工作　製金匠之敷釉工作、用釉繪於各種金類上

第四十七部　珍寶（設備、方法及出品）

【第二百二十八類】　特別之設備　工作之方法

【第二百二十九類】　精美珍寶　金銀屬珍寶　白金及鉛屬之珍寶　寶玉類之珍寶　出口之次第　金製之珍寶

【第二百三十類】　玉工工作　金剛鑽之切剖及雕琢　寶玉之切剖及雕琢　美石之雕刻　施於硬性玉石　貝殼之浮雕

【第二百三十一類】　假玉工作　假玉假珠及他類

【第二百三十二類】　礦金珠寶類　用銅、他金屬製之仿造珍寶　鋼製珍寶　黑玉或玻璃製之喪事用珍寶、珊瑚、琥珀、珍珠母及他類製成之珍寶

第四十八部　鐘錶之製造（設備、方法、成品）

【第二百三十三類】　製造鐘錶之特別設備　手用器具　機械器具（旋盤及他種器具）　測量器具

【第二百三十四類】　鐘錶師所用各種金屬之預備　鐘錶工作之各部　彈簧　鑲寶錶殼、尋常錶殼　用紅寶石或他種寶石製嵌孔及密切機　敷釉表面或他種時計

【第二百三十五類】　教堂及公共建築處所用之鐘

【第二百三十六類】　天文所用之鐘　航海所用時計

【第二百三十七類】　用電力、空氣力、水力所轉動之鐘

【第二百三十八類】　供裝飾用之鐘　時辰儀　加減鐘　擺長短之具、醒鐘

【第二百三十九類】　表　可置衣囊中之時計　表匠用之計時器

【第二百四十類】　音計　各種記錄器具　希臘、羅馬人所用之漏刻　時計玻璃器具

【第二百四十一類】　發諧音之鐘及有鐘類工作

第四十九部　專供裝飾非關實利而陳設之物品

【第二百四十二類】　玻璃製之特別圖形及模型

【第二百四十三類】　瓦器、陶器、磁器製之特別圖形

【第二百四十四類】　金屬類製特別圖形

【第二百四十五類】　革製之特別圖形

【第二百四十六類】　木製之特別圖形

【第二百四十七類】　織物類製之特別圖形

第五十部　大理石、青銅、鑄鐵、鍛鐵製之裝飾物品（設備、方法、成品）

【第二百四十八類】　製造金類裝飾品之特別設備、鑄造之模範模型及鑄模　細打工作樣本之準備　機器縮圖之方法

【第二百四十九類】　關於大理石、石類、硬膏、燒泥蠟之工作技藝上之複製　裝飾、印章、製最馳名刀劍之金屬（例如他馬斯克刀劍最馳名）

第五十一部　燒玻璃

【第二百五十類】　供公共建築所及私人住屋用之燒玻璃　裝窗用各種燒玻璃之標本、特別敷泑　花紋窗格之模型

第五十二部　刷子　精製革品　精妙物品　籃筐細工（設備、方法、成品）

【第二百五十一類】　製造刷子、精革製品、製籃細工用之設備

及方法

【第二百五十二類】　精刷類（如妝台刷子）、粗刷類（如家用刷子）　馬具用刷子（廠用刷子）、漆刷類（如漆屋刷類）　毛刷　掃帚　地氈刷

【第二百五十三類】　精製革品　鞘　錢夾　紙夾　妝水臺箱　雜記簿面　雪茄煙盒　革製小物及奇異物品　錢夾及手袋之扣

【第二百五十四類】　精妙物品　工作用箱及小而巧之器具　盛液質盒　手套箱　珍寶盒　可旋轉之物品　可以旋轉、彎曲雕刻象牙、龜甲或珍珠母所製物品之機器　煙筒及各種吸煙器具　鼻煙盒　用象牙、龜甲、角類、假象牙質或薄片木類製之裝台及梳具、各種漆器工作及小銅器

【第二百五十五類】　籃筐細工　尋常用之籃、糖果店用、家用、旅行用精製之籃

第五十三部　供旅行及露宿之器具　橡皮及樹膠製之工藝（自馬來島產）　樹生之凝固液汁

【第二百五十六類】　各種提包皮箱　袋　小囊　籃　旅行衣服及箱　可負荷之箱盒、行旅革帶提包、皮箱之鎖及裝備　椅褥　登山之杖　小錨杖　婦人用遮日傘　旅行家之各種需要品

【第二百五十七類】　因豫備旅行及科學上旅行搬運之特別設備，地質家、礦師、博物家、殖民旅行前導者、探險者各種之準備器具

【第二百五十八類】　天幕及其各種附屬品　臥具、吊床　坐具、可摺收之椅　及他張幕用之各種器具及設備　可搬動之小屋

【第二百五十九類】　軍隊式之天幕及各種器具

【第二百六十類】　用橡皮或樹膠製造物品之設備及方法

【第二百六十一類】　橡皮及樹膠工藝之普通成品雨衣（橡皮製之防水外衣）、雨鞋、雨靴、橡皮地氈

第五十四部　狩獵之設備及其成品

【第二百六十二類】　獵者設機捕獸者之兵器及其附屬物、獵者之藥彈

【第二百六十三類】　狩獵之設備　訓練獵犬之應用器具

【第二百六十四類】　狩獵用之材料、衣服及設備　分獵用具及其供給物　追捕逃獸之附屬物

【第二百六十五類】　粗革及粗毛皮　供製皮貨及販賣皮貨商之皮革　貯皮匠之工作

【第二百六十六類】　角類　象牙類　骨類　龜甲類

第五十五部　關於漁之設備及出品

【第二百六十七類】　供捕魚用之應用浮水器具　網　備船舶之索具　小船　海上捕魚之計畫及器具捕淡水魚之網　捕魚機及各種應用器

【第二百六十八類】　釣魚者衣服、鉤竿　鉤絲及繩

【第二百六十九類】　製造漁網之機器及設備

【第二百七十類】　產海水或淡水之珠、蚌、殼及珍珠母、海綿、珊瑚

第五十六部　兒童玩物

【第二百七十一類】　製造兒童玩物用之設備及方法

【第二百七十二類】　玩物　偶人　能發聲之偶人　小椀小盂、小盆、小茶杯（與偶人並陳，如供偶人食物、飲食、茶用者）　兒童玩表　機械之玩具　兒童玩弄之軍器及設備　音樂器具　供玩弄

而仿造之各種小器具　小馬　小獸　小馬車　用橡皮、金或革製之玩物　科學及教育玩物　遊嬉器具　童話

第五十七部　供建築房屋用或住屋用之永久性裝修及固定器具

【第二百七十三類】　圖形、永久性裝修之製圖及模型

【第二百七十四類】　木工所造之物　構造工作之模型　屋頂工作圖形天花板　半球形屋脊隔板

【第二百七十五類】　關於裝飾之細木工作　門窗線板　鑲嵌地板機器箱　會堂之列座及他各種器具

【第二百七十六類】　用大理石、石類、硬膠、極厚紙（形似敷漆或假漆之木供建築裝飾用者）、硬紙所製之永久裝飾

【第二百七十七類】　裝飾之曲線及製圓形（在木上用熱力或壓力製成圓形）

【第二百七十八類】　供裝修用之鐵工作、鎖工作　鑄鐵或鍛鐵所製之門及欄杆　青銅所製之門及欄杆　用鉛、銅、亞鉛製之屋頂裝飾軒窗及屋頂窗、尖閣　鬼板飾、風標　棟飾及屋脊之工作

【第二百七十九類】　敷於石上、木上、金屬上、幕布上及他物面上之油漆裝飾　各種之記號

【第二百八十類】　地板上用石或大理石剪嵌工作之裝飾　牆上及圖形天花板之敷汾、剪嵌工作　公共建築及住屋之各種磁器永久裝飾之應用品（參觀磁器門）

第五十八部　公事房及住家用之器具及用具

【第二百八十一類】　大鏡櫃　書架　桌　各種架　床鏡、寫字檯　新聞紙夾　多孔夾　物器櫃　衣櫃　小櫃　椅、數人可座之椅　臥榻及可橫倍之長椅　打彈桌及各種洗滌機等

第五十九部　埋葬用之各種記念碑及葬儀所用各種器具

【第二百八十二類】　大理石、石類及金屬之各種碑、墳墓及各種準備

【第二百八十三類】　棺　上等之棺及喪儀所用各種器具

第六十部　金屬製器及木製器

【第二百八十四類】　專供冶工、蹄鐵工、製門閂者、製螺旋者、抽金屬絲者、製釘者、製扣子者、製練者、錫匠銅匠及製物者、鑄鐵者、鐵器商、鎖匠及製模型者所用之器具（惟不包於機器器具內）

【第二百八十五類】　金屬製器（指用金屬版、鍛物、鑄物所製者）　機器零件　螺旋及其他各種　鐘扣環用機制之青銅馬蹄鐵及他獸之蹄鐵、熨斗及他類

【第二百八十六類】　配於木或金屬之門、陰螺旋及螺旋

【第二百八十七類】　製釘者及用金屬抽線者之成品釘折、釘鉤、金屬線所製之繩索、附欄有刺之金屬線、金屬絲製屏障　金屬絲製之衣　金屬絲製之紗　金屬絲製之彈簧、金屬圈及鉤

【第二百八十八類】　製練之成品及與製練有關係之工藝

【第二百八十九類】　金屬製版凸緣類、印花類、裝飾類、穿孔類　建築者之金屬版工作

【第二百九十類】　建築用之敷紬金屬版及鑄物

【第二百九十一類】　中空器具類　磨光器　塗黑器、敷器　花崗石形器及磁器、紋行形器　家中之金類器具

【第二百九十二類】　金屬版複製之物品　由切斷、抽長、打印或紡績所產成之物品，內包帽類、金箍　小箱、金屬器具　燈罩

【第二百九十三類】 製不器手用器具 斧 手斧等 鑿 鉋 穿孔器具 鋸 錐及其餘諸類

【第二百九十四類】 建築家及製家具者之金屬器 門窗及各種之準備器及錠、閂、鋼、鏈、扭、扣、鉤等（使固著之物） 腳輪 釘絆 支拄 拉拖機 及他各種

【第二百九十五類】 保安器類 保安活門及附屬品 保安鎖

【第二百九十六類】 供梯階之欄杆 欄子 格子 露台之金屬工作 內包鑄物鍛物及金屬絲

【第二百九十七類】 供床架之煤氣光或電光之固定物、貯藏所固定物、運鐵器及他種之金屬工作（指製成金屬板敷紬及他類）

【第二百九十八類】 用金屬製之避暑房屋及亭 金屬製之公園、鳥籠、鳥檻 金屬製之雨具之準備物 金屬製之晒台

【第二百九十九類】 金屬製之窗戶、遮蔽物及佛熱丁出產之遮蔽物（如簾、屏風等）

【第三百類】 輪捲及機打之金、銀、錫箔、金片

【第三百一類】 鍍金 鍍銀 鍍銅 鍍青銅 鍍亞鉛 鍍鑞 電氣礦金之各種金屬器

【第三百二類】 家用之木製器 雜項木器製造品不在他類內者 用劈開之木製籃類及箱類

第六十一部　用電熱之器具

【第三百三類】 用電熱煮物之器具 電熱熨斗 電暖爐及他種

第六十二部　隔離電氣材料

【第三百四類】 雲母 玻璃 橡皮 磁器 及他質之隔離材料 隔離用之混合物及織造物

第六十三部　壁紙（原料、設備、方法、成品）

【第三百五類】　專供製造壁紙用之材料

【第三百六類】　印刷壁紙及精美紙之機器　雕刻、印刷輪軸之機器　用手工雕刻之平面木片　或銅板畫筆　敷漆釉磨消紙面　施浮凸飾　敷金　捲紙　裁紙用各種機器

【第三百七類】　榛糊壁紙用之特別刷子及布

【第三百八類】　著色紙類　印刷紙類　毛面紙　大理石形紙紋理紙　鍍金紙　敷釉紙　上磁釉紙　仿木形、革形或棉形之紙

第六十四部　地氈及家具類之編織物（材料、方法、成品）

【第三百九類】　專供製造地氈、花氈之機器　高屈曲織機　低屈曲織機　捲絲車及他種

【第三百十類】　各種地氈　氈絨　各種花氈　天鵝絨類　氈製地氈　席及他類

【第三百十一類】　絲　羊毛　棉　亞麻　黃麻　苧麻　草　素色　雜色　織花　印花、刺繡　製成之家具及護壁物品之材料　馬毛織物　植物類所織之革　田鼠皮及他種　供懸掛或遮壁家具之皮革、油布　鋪地布及相似之鋪地布

第六十五部　家具裝飾品

【第三百十二類】　供公眾或私人祭祝用及宗教用之裝飾品　旗

【第三百十三類】　床鋪　有飾椅類　帳類　窗廉及其準備物　布或綾絹之懸掛物、鏡架類

第六十六部　磁器類（原料、設備、方法、成品）

【第三百十四類】　磁器原料及特別化學品

【第三百十五類】　製造陶器用之設備及方法　因製陶器時旋

轉、榨壓製模圖之機器　製磚　屋頂瓦　溝瓦　供建築用陶器等之機器　爐窯、烙室及供焙器具　製造及磨研、敷釉應用器具

【第三百十六類】　各種磁器類

【第三百十七類】　磁器及陶器所製之坯（經一次火燒未加釉時之陶器）

【第三百十八類】　白色　彩色　透明質　錫色釉質　及斐延斯燒之陶器

【第三百十九類】　農業上用之陶器及燒泥

【第三百二十類】　素色及加飾之石器

【第三百二十一類】　素色蠟畫法　或加飾之瓦　剪嵌、敷釉或裝飾之磚　鋪地之磚瓦、水管、敷釉所燒之石

【第三百二十二類】　火不能燃之材料

【第三百二十三類】　燒泥製之小像類及裝飾品

【第三百二十四類】　關於磁氣應用之釉藥

【第三百二十五類】　壁上裝飾之器具、裝飾壁爐及爐架

第六十七部　鉛水管及清潔器之材料

【第三百二十六類】　陶製清潔器　浴所器具及附屬品　洗濯所之用具　洗濯所之桶、盆、活塞、引水管及他類　溝渠類之器具　鉛匠應用器具

第六十八部　玻璃類及結晶類（原料、設備、方法、成品）

【第三百二十七類】　製造玻璃用之原料及特別化學品

【第三百二十八類】　製造玻璃類及結晶類用之設備及方法　製造原料之設備　冶爐吹具　模型　供雕刻及製型之旋盤　供切斷及鑄造之器具

【第三百二十九類】　素色窗玻璃　敷彩色窗玻璃　細長形窗玻璃　曲形窗玻璃　敷釉窗玻璃及他種照相玻璃

【第三百三十類】　粗與磨光之厚玻璃　鍍銀玻璃　鋪街道用之玻璃　嵌於凸處之鏡　凸面玻璃

【第三百三十一類】　桌面玻璃　素色或敷彩玻璃結晶體　切斷或雕刻玻璃結晶體、供科學上用之玻璃製成器及玻璃器具

【第三百三十二類】　裝飾玻璃　溶解各項石類製之玻璃

【第三百三十三類】　玻璃瓶類

【第三百三十四類】　釉用於玻璃上之方法

【第三百三十五類】　玻璃之剪嵌工作

【第三百三十六類】　仿造寶石

【第三百三十七類】　表玻璃

【第三百三十八類】　光學上用之玻璃　眼鏡玻璃　磨研片鏡之機器

第六十九部　生熱及通氣之器具及方法

【第三百三十九類】　證明生熱公事樓房、工廠及住家之方法及模型　廚房及小住房之衛生通氣之方法及模型

【第三百四十類】　運送及分配蒸汽之方法、熱水或熱空汽（分用或合用）

【第三百四十一類】　天然通氣之圖形、方法及準備　放氣通氣法　由隙間吹入之通氣機、由風及各種溫度、效力所成之通氣機　用機器方法通氣及其結合法

【第三百四十二類】　專供各種發熱空氣、熱水蒸汽之暖爐及氣鍋　用木煤、煤氣、薪炭之暖爐及其用具

【第三百四十三類】　關於放熱各項之機器

【第三百四十四類】　廚房之灶及其用具　蒸汽煮物之竈　可以煮物兼作暖爐之暖水鍋、特別煮物爐及器具　可以供給多量食物之竈及他種廚房設備、煮燒器具

【第三百四十五類】　生熱及通氣之附屬品　測量及記錄器具　通常及自記寒暑表、高溫計　驗風器　溫度、通風及壓力之調整器　自動下滴之活塞及空氣活塞因生熱器具　特別置備之活塞用電、氣、力之驗蒸汽壓力器

【第三百四十六類】　關於煙囪用器　煙囪阻塞物　煙穴塞子物別鐵板　製煙囪之鍋、用熱空氣及通氣、起見所開之孔覆、格子或覆金屬板

【第三百四十七類】　陶器製之爐及煙囪　製爐及煙囪之陶器　製生熱器爐及煙囪之陶器及耐火材料

【第三百四十八類】　爐灶之器具　點火物　篩灰物　因清潔或修理生熱氣器及爐所用之器具　及其他附屬品

第七十部　用煤氣點燈及作燃料之製造法及分配

【第三百四十九類】　煤氣之製造　由煤製成煤氣之方法及器具　由水製成或❶煤氣之方法及器類　由油製成煤氣之方法及器具　物理上或化學上清潔煤氣之器具及材料、試驗原料及製造煤氣之器具

【第三百五十類】　煤氣之分配　導管　導管用具　活瓣　調整壓力器具　安放大管及給水管之器具、量表及測量煤氣器具　輸送煤氣應用器具（內包放汽器及壓榨器）

【第三百五十一類】　煤氣之用途　白熱煤氣燈及燈紗煤氣燈頭

---

❶　"或"字疑衍。——編者註

及煤氣光之應用器具　煤氣煮物之應用、煤氣生熱之應用（內包水生熱器及熱空氣爐）、關於工業上利用煤氣之應用

第七十一部　發光器具及方法（不包在他項內者）

【第三百五十二類】　用植物油、礦物油、石油、莢殼榨成油、濃油煙所發之光　燈類　燈頭、燈芯　燈罩及他附屬品　家用燃燈器具　工業上燃燈器具　公眾燃燈器具

【第三百五十三類】　用鈣製成之強光煤氣燈　氣化精溜石油煤氣燈　酒精燈及他種供家用、工業上用、公眾用之燈頭、燈罩及他附屬品及器具

【第三百五十四類】　燈之附屬品　燈類玻璃、球形燈罩　燈罩反射物　遮蔽物消滅燈煤器　燈類之枝架（懸於天花板者）　及定製物

第七十二部　製物材料　紡績及製繩工作

【第三百五十五類】　製造及紡績　績物材料之機器及器具　表示工作進步　材料之標本

【第三百五十六類】　績紡機器可分離之部分及專供紡績用之機器

【第三百五十七類】　附後工作　捲絲、纏捲、扭練絲所用之器具　機器製成之物品

【第三百五十八類】　揀擇試驗記錄之器具　使織物成就之物品　製繩索之器具

第七十三部　製造績物料之設備及方法

【第三百五十九類】　豫備編織工作時所用之器具　扭拆用機器　圍錐狀絲球之纏繞物、刷梳織料之製造機器

99

【第三百六十類】　織素色布之手織機或機器織機　織錦及刺繡織物之機　藏於箱內之機

【第三百六十一類】　織襪用之編織機器　製造線帶及網布之機器　製造附屬物之機器

第七十四部　漂白、染色、印花及各級制成織物之設備及方法

【第三百六十二類】　焦面（火烘使微焦）　掃刷　剪切　績物料之器具

【第三百六十三類】　用灰汁洗　洗濯　使乾燥　使濕潤　各種績物料之器具（無論連絡、梳刷、穿線或網形）

【第三百六十四類】　煎熬及著色於染色材料及織料使之密厚之器具

【第三百六十五類】　凸上雕刻　切刻工作模型　及印花於織物上之器具

【第三百六十六類】　漿硬、染色、印花之機器　蒸汽器具

【第三百六十七類】　縫布用、漂布用及刷布用之機器　張布架構造物、光滑布面機　光滑布面用、濕水用、施浮凸飾用、以大槌打布用之機　度量、折疊及他用途之機器

【第三百六十八類】　染絲用　練絲用　由震動成模型用　停針用　及使織物起光用之器具

【第三百六十九類】　使織物密厚之蒸汽箱　打班點用之器具　用電器漂白之器具

【第三百七十類】　洗濯工作之設備及方法　如洗濯、撈起、加色、晾乾、漂白、熨平及成就等

【第三百七十一類】　染工及洗濯人之工業　用石油蒸溜液及他

質之乾燥清潔法濕潤、清潔方法　染色及壓榨

【第三百七十二類】　漂白或染色於未織成織物材料之式樣

【第三百七十三類】　純質、混合質漂白　染色　或雜色之絲或線（內包棉製、麻製、羊毛製、絲製及他質製成）之式樣

【第三百七十四類】　漂白、染色及印花織物料之式樣

【第三百七十五類】　已排列之絲或線或織料之式樣

【第三百七十六類】　未紡績時用化學作用使績物材料密厚之式樣

第七十五部　縫衣及製衣用之設備及方法

【第三百七十七類】　縫衣工作之通常器具

【第三百七十八類】　裁布、裁毛皮、裁革之機器

【第三百七十九類】　縫衣、縫綴、伏縫、刺繡及他工作之機器

【第三百八十類】　穿紐孔之機器　縫手套機器　縫革及他種機器　編藁草機器

【第三百八十一類】　成衣用大熨斗（柄如鵝頭狀者）、熨鬥及其設備

【第三百八十二類】　製衣時試驗模樣

【第三百八十三類】　製帽用之編藁草機器　製草帽及氈帽他種之製器

第七十六部　棉製之線及織物

【第三百八十四類】　棉之製造及紡織

【第三百八十五類】　純料或雜料　素色或有花或有漂白、染色或印花之棉料織物

【第三百八十六類】　棉製絨類

【第三百八十七類】　棉製條帶類

【第三百八十八類】　床被類

第七十七部　亞麻及大麻類所製之線及織料、繩索類

【第三百八十九類】　亞麻、大麻、黃麻、苧麻及他種植物纖維質製成之線

【第三百九十類】　素色或有花紋之幕布　褥被布（如他馬斯克玫瑰花色之亞麻）、耿甫列麻布（法國耿甫白蘭產故名）及細布素色及美麗手巾

【第三百九十一類】　和棉和絲於大麻、亞麻之織料

【第三百九十二類】　非棉、亞麻、大麻、黃麻、苧麻之織料及植物纖維質

【第三百九十三類】　繩索　纜　繩類

第七十八部　動物纖維質　製成之線及織料

【第三百九十四類】　經梳過之動物纖維質　梳過動物纖維質製成之線

【第三百九十五類】　經梳刷過之動物纖維質　未漂白或染色之微纏條片　梳刷過動物纖維質製成之線

【第三百九十六類】　經梳過或梳刷過動物纖維質製成之布

【第三百九十七類】　由動物纖維質製成之布（專指婦女穿著之布）

【第三百九十八類】　經梳過或梳刷過動物纖維質製成之布，內和棉及絲（專指製婦人、小兒之外衣及寬闊上衣之布）

【第三百九十九類】　一種毛布　一種細棉布（製套用）　以緬羊毛製成之布　緞類薄絨布　俺哥拉羊毛織成毛布及他類

【第四百類】　經梳刷過之動物纖維質織料（未緊密及稍緊密之料）　粗布　格子呢類及他種

【第四百一類】　經梳過或梳刷過動物纖維質之手工編織料

【第四百二類】　純用動物纖維質或和雜質製之披肩布　客雪密羊毛製之披肩布

【第四百三類】　純用動物　纖維質或和棉　苧麻、絲或絲棉製成之條帶及編織帶

【第四百四類】　純毛髮或和他質之織料

【第四百五類】　絨氈類

【第四百六類】　動物纖維製成之絨布供製地氈、帽、靴、鞋、及他種用者

第七十九部　絲及絲之織料

【第四百七類】　生絲　練熟絲　紡成絲

【第四百八類】　絲棉及碎絲

【第四百九類】　絲棉線及碎絲製成之線

【第四百十類】　假造絲

【第四百十一類】　純絲、絲棉或碎絲製成之織料　絲或絲棉內和金銀、羊毛棉線製成之織料　此項織料或素色　或有花紋　或和金銀絲織成　未漂白、染色或印花

【第四百十二類】　絨類及毛絨類

【第四百十三類】　純絲和雜質或絲棉織成之條帶

【第四百十四類】　純絲或和雜質絲或絲棉織成之披肩布

第八十部　線帶、顧繡及附屬物

【第四百十五類】　手製線帶類　絹類所製或無網眼之線帶繡於

枕上　或用針、用鉤針或線工製成之線帶　此項線帶　用苧麻、線、絲、羊毛、金銀及他線類製成

【第四百十六類】　機制線帶類　網佈線帶　素色或刺繡線帶　倣造線帶　各種線製成之絹屬、線帶及無網眼線帶

【第四百十七類】手工顧繡類以各種線類用針工或線工刺成之顧繡繡在織物網、網布、毛皮或他類上者　幕布上針作　亦可視為顧繡應用工作　或飾以寶玉、珠黑玉、金箔　或金類或用他種材料　如美麗羽毛及蚌殼等

【第四百十八類】　機制顧繡類　留刺繡樣底或割去樣底

【第四百十九類】　附屬物　絲帶　編織物　纓　總縫　各種應用及裝飾工作　手織或手製　可供女帽上者　各種衣服　教會禮服　文官或軍人制服上用者以及器具　馬鞍或車上用者　以金屬製成線或薄片（金或銀，真或假）　金箔　絹絲　或毛絲製成之鈕及其他各種物品可用為附屬物者

【第四百二十類】　教堂用顧繡　教堂裝飾品　及亞麻布　祭壇布　織料製成之旗及宗教儀式上用物品並飾以線帶、顧繡或附屬物者

【第四百二十一類】　網簾或織料上飾線帶或無網眼線帶　或刺繡之帳簾、屏風等　門簾或窗簾等及他種帷帳類　並飾線帶、顧繡及附屬品

第八十一部　製男女及兒童衣服之工作

【第四百二十二類】　成人或兒童用之量就衣片　尋常服式騎馬或出獵用衣服　革製褲及類似物品　體操及遊戲用之衣　軍人及文官之制服　戰時用之特式衣服　長官、法官、教授、教士及他項人

之禮服及服式　各式兒童用之純色衣服（如號衣）

【第四百二十三類】　成人及兒童用之已製成衣服

【第四百二十四類】　婦人或幼女用之量就衣片　衣服、披肩、短外衣　外套（成衣或專做外套者做成）　婦人騎馬衣　出獵衣

【第四百二十五類】　婦人或幼女已製成衣服

第八十二部　毛皮　皮板　皮衣　革靴及鞋

【第四百二十六類】　製衣或硝過之毛皮及皮板

【第四百二十七類】　毛皮衣　毛皮　小帽　毛皮帽　毛皮大帽　毛皮手套　毛皮靴及他類

【第四百二十八類】　毛皮席及毛皮禮服　毛皮製附屬物

【第四百二十九類】　各種革類　硝過革　製軟革　塗釉革　專賣革　洗淨革及他種

【第四百三十類】　切割及製造靴或鞋類之機器　縫靴或鞋之機器　製靴模　釘木、釘釘、釘釘[1]螺旋用之機器

【第四百三十一類】　男女及兒童之靴及鞋　靴　鞋　拖鞋　薄底鞋　套靴靴底附屬品及他類　繞腿布

【第四百三十二類】　陸軍或海軍戰時用之靴鞋

【第四百三十三類】　皮板製之手套

第八十三部　各種與衣服布有用之工作

【第四百三十四類】　帽類　氈帽　羊絨帽　草帽　絲製帽　小帽類　帽之附屬物

【第四百三十五類】　整髮用、整飾用及他種用之人製花卉　毛羽女帽　毛髮、首飾、假髮類

---

[1] 疑衍一"釘"字。——編者註

【第四百三十六類】　男女及兒童之汗衫及下衣

【第四百三十七類】　棉、羊毛、絲或棉絲製成之襪類及手套編織成襪類　頸巾及圍頸

【第四百三十八類】　婦人之胸衣（肚兜）

【第四百三十九類】　具緊寬性之物品　褲帶　襪帶　腰帶

【第四百四十類】　杖　鞭　騎馬用鞭　日傘　女傘　雨傘

【第四百四十一類】　紐類　磁或金屬類製之紐　布或絲製之紐　珍珠母及他種貝殼製成之紐　象牙、棕櫚實製之紐　角、骨及極厚紙類製成之紐（形似敷漆或假漆之木可供建築用者）

【第四百四十二類】　扣孔　鉤及孔　定針　針及他種

【第四百四十三類】　扇類及手之庇護物

第八十四部　保安應用器具

【第四百四十四類】　保全應用器具及計畫（因保護機器用於製造工作及方法之具不能陳列機器類者）

六、機械門

第八十五部　生汽器及自用汽之致動機各種附屬物

【第四百四十五類】　可攜帶與半可攜帶或不能移動之汽機　活塞　聯動機　調整器給油器及其相連附屬品

【第四百四十六類】　可攜帶半可攜帶不能移動及船上所用之汽鍋　汽鍋之設備（包含爐子、爐格、煙筒、添火機、燒油器，油及各種燃料）焰管刮刷機　人力或天然通氣器具及其設備　儉柴器過

熱氣　汽鍋附屬物　敲煤機、運煤器、驅灰法及其用具

注意：關於農業及造路機械不在此類。

【第四百四十七類】　處理及濾淨飼水之用具　飼水唧筒及射注器　飼水調整器　飼水桶　飼水熱器　化學及機械的清淨器　滴油器　除鏽及驅除有礦性鹽類之化學品

【第四百四十八類】　汽機上所用之活動聯動機　調整器及調速器（指不相連者）

【第四百四十九類】　傳達及制裁汽之用具　汽管及汽管系（包含管活門裝具、蛇管、凝汽瓣、分離器　放汽器）

【第四百五十類】　凝汽用具　面上及注射凝汽器　抽氣機　生幹燒真空之唧筒、流通唧筒、涼塔及各種涼法

【第四百五十一類】　檢查記錄汽機之行動　汽鍋凝汽機及附屬物與他種機械之方法及用具　量高溫度計　量汽之溫度計　測熱量器　量汽計　炭酸記錄器　計算器規計指示器　速力計　檢力計

第八十六部　內燃致動機

【第四百五十二類】　內燃機煤氣機及各種內燃致動機　供給內燃機燃料之方法及用具

注意：關於汽車等之致動機與農業及造路之機械不在此類。

第八十七部　水力致動機

【第四百五十三類】　激輪及他種用水力致動之機器及調整制裁水力之用具

第八十八部　各種致動機

【第四百五十四類】　用熱氣或他物生動之機械未歸類者

第八十九部　普通機械及其附屬品

【第四百五十五類】　處理重物之器具　用手力或機力之活動及靜止之起重機絞盤扛重器　差異轆轤滑輻車　轆轤用具

【第四百五十六類】　傳送機械　皮帶轉活繃帶　傳送機　懸線傳送機

【第四百五十七類】　傳力用具皮帶　纖絲　練及他種帶類、纜繩　聯動機　軸聯機轆轤　齧合子　軸吊　承軸臺

【第四百五十八類】　汲水及他種液體至高處之用具　用手力汽力或他力之唧筒汽壓起水機　氣壓起水機　自動起水機　水管及其附屬物量水計

【第四百五十九類】　救火機械撲滅及救火器

【第四百六十類】　壓氣機及其附屬物

【第四百六十一類】　製造磚瓦之機械

【第四百六十二類】　浚泥掘鑿之機械及用具

【第四百六十三類】　消熱機械

【第四百六十四類】　包裹麻瓣　不傳熱之材料　上油器　作滑料上油法　用造輪軸之金類

【第四百六十五類】　普通機械之未歸類者

第九十部　剝削金木之用具

【第四百六十六類】　汽鍛錐　水力鍛鍊壓榨機　水力蓄力機　增力機　唧筒及其附屬物　擠逼機　用手力或機力之剪刀鑽鉗器、截斬器、屈曲平面及磨光平面之機械、猛衝錐型鐵壓榨機、鉸釘機械，手力鍛鍊機及鐵匠各種用具

【第四百六十七類】　燒鈍淬硬使如真銓鍛接以白鑞接合各種金

類之器具設備及化學材料

【第四百六十八類】 用機器另具 旋盤 鉋機 造模型器 鑽鑿 磨 割片等之機械 閂螺旋管之機械 金屬鋸 壓搾機 光滑及完全金屬機械 機力器械之各種附屬物 屬於機械 保安物 可攜帶之機力用具 磨擦用具之機械 機械工場之各種附屬物

【第四百六十九類】 磨擦精確平面之機械 螺旋切割機械 切割金屬片之機器及壓脹旋盤

【第四百七十類】 機械師之用具 計量器 工匠檯之用具等

【第四百七十一類】 汽鍋廠及金片工作所用之機械器具之未歸類者

【第四百七十二類】 木工所用之機械 用機力之鋸旋盤成平面器鉋子及非鋸廠設備之各種木工機械、屈折壓搾木料之設備、製造箱籃之機械 木工機械之附屬物 木工機械之保安品與機械相連者

【第四百七十三類】 各種特殊機械之未歸類者

電機部

第九十一部　換路類之電機

【第四百七十四類】 簡直電流換路生電機

【第四百七十五類】 同時換路之電機（包含同時變壓機）、變壓電動機及兩電流之生電機

【第四百七十六類】 簡直及廻復電流換路類之電動機

【第四百七十七類】 簡直及廻復電流換路類之鐵路電動機

第九十二部　同時類之電機（廻復電流）

【第四百七十八類】 各種之同時生電機

【第四百七十九類】　同時電動機

【第四百八十類】　同時聚電器

【第四百八十一類】　同時變速器

【第四百八十二類】　同時迴轉變易位相機

第九十三部　靜止感應器

【第四百八十三類】　變壓器（包含感應圈）及各種自動感應器

【第四百八十四類】　各種電位調整器及反動器

【第四百八十五類】　感應動機器

第九十四部　迴轉感應之電機

【第四百八十六類】　各種感應生電機

【第四百八十七類】　感應電動機

【第四百八十八類】　感應聚電器

【第四百八十九類】　感應變速器

【第四百九十類】　感應迴轉變易位相機

第九十五部　獨極（亞息列）器械

【第四百九十一類】　獨極（亞息列）器械

第九十六部　改正器械

【第四百九十二類】　迴轉換路器

【第四百九十三類】　電瓣（包含水銀改正器）

【第四百九十四類】　振動換路器

第九十七部　照耀器（光源）

【第四百九十五類】　各種電弧燈

【第四百九十六類】　各種白熱燈

【第四百九十七類】　各種汽化燈

【第四百九十八類】　各種真空燈

第九十八部　測驗器、指示器及記錄器

【第四百九十九類】　交換盤之用具

【第五百類】　除交換盤外所裝置之器械

【第五百一類】　可攜帶之器械

【第五百二類】　實驗室之器械

第九十九部　電學機械之保護器、制裁電力器及除鐵路材料外之分配電力器

【第五百三類】　完全交換盤

【第五百四類】　避雷器及其附屬物

【第五百五類】　開閉電道及裁制電流之方法器具

注意：生電局及總電道所用之方法器具亦歸入此類。

【第五百六類】　除生電局及總電道所用之器具外之分配電流及制裁電道之器具材料、鎔解綿及鎔解線之保持器、傳達線、海底電線、電線絕緣物接合箱木箱斷絕器、接電窩電號機械、他種附屬物之未歸類者

第一百部　電氣化學之器械

【第五百七類】　儲蓄電池

【第五百八類】　除儲蓄電池外之各種藥品電池

111

七、轉運門

第一百一部　車輛及車輪之製造汽車自行車

【第五百九類】　遊戲車　撬　轎

【第五百十類】　公共車　搬運病人車　棺車　載運病人車　小孩車

【第五百十一類】　各種車輛　荷物車　農業所用之車

【第五百十二類】　用機致動之車輛　電氣自行車　汽車

【第五百十三類】　二輪自行車　三輪自行車

【第五百十四類】　關於製造車輛及汽車、自行車等之材料發明及附屬品

第一百二部　馬具

【第五百十五類】　關於車輛之設備及馬或他種牲畜之已配裝者或在馬廠者　遊戲車之馬具鞍韁　公車及多馬牽引車之馬具　馬具之各部　關於製造馬具韁鞍等之材料發明軍用上之設備

第一百三部　鐵道

【第五百十六類】　鐵道之構造　建築之方法　枕木填道之砂石　鐵軌及各種路線上所用之材料　傾斜度及平圖之改變　道旁之保護　雪冰沙石等之除去及預防　洞道橋樑　架臺　排水竇、鐵路與通路相交處之設備　柵欄　牲畜保守所記號及互接之機器鐵路上所用之電信電話機、各種建築物及置品地址等　船塢及碼頭造路之器具及材料、用汽之鐵鏟錐打動臂及他種作工器械

【第五百十七類】　鐵道之設備　用汽及用電之機關車　載人車　載貨車　車中關于電燈等項之設備　製造及修理工場之設備　機械等之設備

【第五百十八類】　鐵路運輸貿易　乘客之取理　買票房　票行李之取理　實業進口人及殖民事務所　貨包之取理　稅則　運送單　量重法　速運法　關於發達運輸之著作、講藝、照片及告白等

【第五百十九類】　鐵路轉運　時刻表　派遣火車之法　停車場及貨棧之事務　量重及車上事務之集合　牲畜場　米穀升降器與煤及他礦產儲存所之事務　場所汽機房及煤水供給所之事務　整滑料列車上之事務（包含車上執事之信號）車上之清潔、照耀、冷暖、流通空氣及預涼車輛等事務　吊橋之事務、浮橋浮檯等設備之事業　快車及特別車在路上貨包行李產業牲畜等所受之損失　乘客損傷預防法及保安器械檢驗機關車及他種設備之能力之器械及方法

【第五百二十類】　街市鐵道　都會或與都會相交之載人及貨之鐵道　高齒及地下鐵道用齒輪鐵索　單條軌及用氣之鐵道　關于上列諸種鐵道之設備（包含軌道設備致動力車輛及行使時之各種設備及方法）

【第五百二十一類】　與鐵路相類之特殊轉運法在鐵路上轉運船舶之方法　無軌道之懸線運行轉動檯　遊戲場之風景及用地心吸力之鐵道

【第五百二十二類】　關於鐵道之書籍統計歷史特殊地圖　圖畫及各種出版品，接軌繞路及他種契約關於鐵路之組織　法律　保險　醫院會館藏書室、鐵道工人青年會、救濟所及退職金

第一百四部　商船上所用之資料及設備

【第五百二十三類】　關於製造船舶之原料又特殊材料

【第五百二十四類】　造船廠所用之特殊器具

【第五百二十五類】　駛行內河及海洋各種船舶之圖畫及模型　裝置取理此等船舶之圖畫　拖船之圖畫及模型　用機器用風或用槳之附屬艇及小艇

【第五百二十六類】　船舶之致動力（圖畫、模型及標本）汽鍋熱水器、飼水之濾器　汽機凝水器　推進機，總機器之附屬機械　唧筒調整器　速度及方向之指示器　汽機計數器　他種推進船舶之特殊機器、船艙儲藏室及通道預防火災法

【第五百二十七類】　各種設備起上機　絞盤　轆轤　練　錨大纜　鐵索等　用舵進船之器具　傳達命令器　使帆之機械　船燈及信號　鮮水蒸發器及凝結器　關於暖熱照耀及流通　空氣之器械　生電及用電之特殊器械　消熱器械　斷定地位及時刻之特殊器械　旗　雜用器具等　起落商貨之設備

【第五百二十八類】　浮標　燈台及他種助航駛者之設備　在航駛上電燈之應用

【第五百二十九類】　遊船用汽用帆或用他力之遊船　用槳船及各種小艇等，此等船舶之附屬物（圖畫、模型及標本）

【第五百三十類】　海底航行

【第五百三十一類】　救生器及海船救護器　船　繩　救生帶　救生圈　救生衣等　救生會社　海面撤油之法　起上壞船之設備及海底撈取沉物之設備

【第五百三十二類】　泅水　泅水者及教練泅水者之設備及方法

【第五百三十三類】　統計　對於商業航駛及遊戲航駛之特殊海道圖及著作

第一百五部

【第五百三十四類】　美國、西班牙及法國古時船舶之模型及仿樣　關於此等船舶旅行時之圖畫，公文及原有章程等

第一百六部　海軍所用之材料及設備、海陸軍所用之砲

【第五百三十五類】　戰艦及特殊公眾船　模型計畫圖畫、敘述說明書、照片、彩色畫等

【第五百三十六類】　製造戰船及公眾船所用之材料、甲板及汽機房之設備　信號　聯動機　水師所用之各種器具　戰時所用之電燈等設備　保安器械

【第五百三十七類】　政府船舶之致動力

【第五百三十八類】　海陸軍所用砲之設備及其附屬物等　靜止或可移動或自動之水雷、水師發信號之煙火

第一百七部　汽船

【第五百三十九類】　製造　材料　坐具　汽船　軍事用及遊歷用之巡船　錨　有叉之錨　活門　網螺絲推進機等

第一百八部　气球

【第五百四十類】　製造材料（以橡皮包裹之線絲等）坐具　網　繩索　研究空气現象及觀察空气流　雲　高處溫度　光學的現象等所用之气球

【第五百四十一類】　量高用之空气壓力計　溫度計　驗風器　速力計　記錄空气壓力計

第一百九部　軍事用之气球

【第五百四十二類】　地上縛住的與自由放行的之軍事气球及其

附屬物　運送車　註入气類之器械科學器械等

第一百十部　飛艇

【第五百四十三類】　單板雙板及多板之飛艇　軍事用之飛艇骨格　格下傘　螺絲推運機　飛艇之坐具　速力計　指道輪　貯蓄器　鐵索　羅盤　緩衝機　鎮定器繩索　螺絲　航空者之衣服　瑣物紙鳶等

【五百四十四類】　水上亦可駛行之飛艇

第一百十一部　气類

【第五百四十五類】　生產及保存水素及各種气球用之輕質氣體

第一百十二部　致動機

【第五百四十六類】　气船、飛艇所用之致動力用炭化物生氣器磁鐵等

第一百十三部　著述

【第五百四十七類】　圖畫　旅行地圖　圖表照片等

八、農業門

第一百十四部　土地改良農具及其方法

【第五百四十八類】　各種耕作之模型

【第五百四十九類】　農家之圖本與模型　馬廄、羊欄、牛房、豬圈、家禽室、養殖場之普通設備家畜飼養、家畜肥育之特別設備、倉廩及貯秣室、馬廄、猪圈、狗窩等用具

【第五百五十類】　農事工程如排水、灌溉及開墾治地所用之器

具及材料

第一百十五部　農具及農用機械

【第五百五十一類】　農業設備上之器具及機械彎刀（斬荊棘用）　斧鶴嘴鋤、掘物鋤鏟錾手犁等　又拖犁　兩輪坐犁　隊犁等　耙　轆機　耙❶　碎土塊器等，莖伐刀莖伐耙　拉朽器

【第五百五十二類】　播種之用具及機械　種玉蜀黍器　點播機　種棉器　穀粒點播撒播機等

【第五百五十三類】　中耕機器用具等　鋤　中耕機、能坐之中耕機，汽推及電推中耕機播散廏肥器

【第五百五十四類】　收割器具及機械　刈鈎　鐮刀　帶載穀器之大鐮刀　收割器　割麥頭器　刈草機　玉蜀黍收獲器　掘山芋器　獸力電力或汽機之收割兼打穀器打穀及淨場之機器　扇磨機器　打穀及分藁殼器　苜蓿去殼器　玉蜀黍去殼器打穀及分藁谷之穩機　風力堆草機　飼料壓機及捆機等

【第五百五十五類】　農用雜具　飼料斬割器及磨碎器　製蘋菓酒磨機　軋棉及束棉器　束草機　剪馬毛機　剪羊毛機　風車　水櫃抽水機及他項農用起水器　田中所用磨碎秤量機器等

【第五百五十六類】　靈活之農用各項生力機器　汽機　馬力　獸力　水力　空電氣之農用機器

【第五百五十七類】　關於家畜飼養料設備之器具藏料

第一百十六部　肥料

【第五百五十八類】　肥料上之設備及保藏　市買肥料人糞等之用途

---

❶　"耙"出現兩次，疑有誤。——編者註

第一百十七部　煙草（設備、方法及出品）

【第五百五十九類】　煙草之栽培　生莖、生葉及種子

【第五百六十類】　製造之設備、關於煙草製造所之搆造

【第五百六十一類】　試驗房用具

【第五百六十二類】　製造出品

第一百十八部　農事工業之用及方法

【第五百六十三類】　附近農場之農產製造所之圖表　乳場　乳脂製造所　乾酪製造所及他種製造所

【第五百六十四類】　製油磨廠　珍珠油製造室　穀倉及用物

【第五百六十五類】　關於織物上設定之工場

【第五百六十六類】　關於禽類之孵卵及人工孵化家禽飼養或肥育上之設備　家禽食料之包裹及裝運等方法及器具

【第五百六十七類】　菜蔬種植　菜蔬及種植收聚裝裹售賣等之房屋及用具　助長菜蔬及植物之方法及用品與其產物之標本

第一百十九部　農業原理及農業統計

【第五百六十八類】　農業上所研究之水及土壤之學說

【第五百六十九類】　田園圖解　氣候圖解　各項農事圖解　產業之註冊簿

【第五百七十類】　鄉村戶口　耕地之區分　出產及價值牲畜統計冊

【第五百七十一類】　一千九百零五年以後農業上之進步　歷代農業沿革史　地價　租價　傭價　牲畜作物及牲畜產品各項價值漲落史

【第五百七十二類】　關於農業上進步及改良之機關　實驗場及

實驗室之計畫及其成績品　農業團體及組合地土債務農業保險

【第五百七十三類】　立法行政之計畫

【第五百七十四類】　書籍、新聞紙、統計圖式及按時刊發之雜誌

第一百二十部　蔬菜、食品及農業產物種子

【第五百七十五類】　穀類　小麥　來麥　大麥　玉蜀黍　穀子　燕麥　米蕎麥及其他成束或成粒之穀類

【第五百七十六類】　豆麥及其種子　大豆、豌豆、扁豆等

【第五百七十七類】　塊莖根菜及其種子　山芋　各色蘿蔔等

【第五百七十八類】　雜類菜蔬及其種子　椰菜　胡椒　百合菌類水芹類等

【第五百七十九類】　產糖植物類及其產物甜菜、甘蔗、蘆粟等

【第五百八十類】　雜類植物及其產物咖啡、茶、椰子等

【第五百八十一類】　產油植物及其產物

【第五百八十二類】　長成青綠庖製窖藏之飼料　牲畜飼料　草料及種子

第一百二十一部　各種野生植物及農產物收獲用具

【第五百八十三類】　收集未墾地上產品之方法及器具

【第五百八十四類】　菌類地中菌及野果之堪食者

【第五百八十五類】　未墾地之樹株、樹根、樹皮、樹葉、果實供本草家製藥之用，又可資染色、製紙、榨油及他項用途者

【第五百八十六類】　橡皮膠　喀他柏查膠　樹膠　樹脂

第一百二十二部　暈[1]食品

【第五百八十七類】　冷鮮肉、家禽、野禽、魚類及可食之動物脂肪膠質等

【第五百八十八類】　新鮮或凝聚之乳與酪、淨乳

【第五百八十九類】　各式牛乳油

【第五百九十類】　各式牛乳餅

【第五百九十一類】　雞卵蛋白質食物及其製造品

【第五百九十二類】　酪乳場設備及用具、攪乳器、牛油製造罐頭桶、乾酪榨量液器、分離器、檢查器暨供給於社會牛乳之製造、保藏、運送、配置及分泌等設備及用具

第一百二十三部　食用及飲料製造品用具及方法

【第五百九十三類】　造麵廠　糖汁漿液製造廠

【第五百九十四類】　餅食製造

【第五百九十五類】　麵包製造所捏麵機　機器爐　餅乾（船上用）之製造

【第五百九十六類】　麵食製造

【第五百九十七類】　製冰及藏冰　消熱機及其用具消熱器

【第五百九十八類】　保藏鮮肉獵禽魚類等之用具及方法

【第五百九十九類】　庖製魚肉菜果裝封筒罐之廠所

【第六百類】　蔗糖製造所及精製所

【第六百一類】　芝古辣及糖果製造

【第六百二類】　冰結冷及檸檬糖水之製造

【第六百三類】　花生、咖啡等之去殼及烘煨法

---

[1]　"暈"當為"葷"。——編者註

【第六百四類】　酸物或鹽汁物之製造

【第六百五類】　蒸酒房　蒸酒機器及他項物件

【第六百六類】　製葡萄酒室　製造、醞釀、攙配、保存葡萄酒方法及器具

【第六百七類】　釀造所釀造之機器及用具等

【第六百八類】　汽水之製造裝瓶之方法及機器

【第六百九類】　關於食物製造之各種工業

【第六百十類】　橄欖油之壓榨機及澄淨器

第一百二十四部　粉質出產品及其轉造物

【第六百十一類】　各種穀粉去殼之顆粒　去殼之燕麥　芋漿　米粉　豆粉　穀膠製好之穀類

【第六百十二類】　包豐粉　西米　藕粉　各種粉質　雜質粉類

【第六百十三類】　義大利粉漿類　西摩利那　佛米塞利　麻克羅尼　奴德耳士　自製漿

【第六百十四類】　小兒及病者之食品

第一百二十五部　麵包及麵食類

【第六百十五類】　發酵及不發酵之麵包　奇趣麵包　模型麵包　軍用及旅行用之壓緊麵包　餅乾酵品乾烘粉

【第六百十六類】　各國互異之麵食　薑料麵包　耐久之乾餅

第一百二十六部　貯藏品植物肉魚類

【第六百十七類】　用各種方法貯藏之肉　鹹肉　罐頭肉　肉餅　湯餅　肉精湯　各種豬肉製品

【第六百十八類】　用各種貯藏法之魚類　鹽醃肉　桶魚　柴魚　糟魚等　用油貯藏之魚類　金槍魚　沙顛魚　馬鯊魚　魚產品　魚

121

油　魚丁　魚膠　鯨頭油之類

【第六百十九類】　罐頭龍蝦　罐頭蚝　罐頭小蝦　罐頭鼈　罐頭龜

【第六百二十類】　用各種方法貯藏之植物

【第六百二十一類】　海陸軍之糧食及準備物

第一百二十七部　糖及糖果和味料調胃料、果仁及果實食品

【第六百二十二類】　糖菓糖　糖水

【第六百二十三類】　糖果　芝古辣　哥拉賽果

【第六百二十四類】　核桃及果實所製食品

【第六百二十五類】　茶　咖啡　咖啡之代替物　南美茶　甜橡實

【第六百二十六類】　醋

【第六百二十七類】　食鹽

【第六百二十八類】　香料及其轉造品　胡椒　桂皮　眾香料　香料精

【第六百二十九類】　混合之加味品及嗜好品　鹽漬物　芥辣　芥利　醬油

第一百二十八部　水及不醱酵之果汁

【第六百三十類】　人造汽水、炭酸水或礦物水　薑酒及他種無酒精之飲料　曹達水之泉製炭酸機械用具及備置品　濾器及家用水之澄清方法

【第六百三十一類】　蘋果酒及他種不醱酵之果液

第一百二十九部　葡萄酒及白蘭地酒

【第六百三十二類】　紅乾葡萄酒及白乾葡萄酒

【第六百三十三類】　甘葡萄酒　車厘酒　馬得拉酒　波脫酒　安吉利克酒等

【第六百三十四類】　發光酒

【第六百三十五類】　白蘭地酒

【第六百三十六類】　發酵之葡萄汁

第一百三十部　糖水及飲料、酒精及商賣酒精

【第六百三十七類】　糖水及甘液　茴香液　古拉酒屬　香料酒　便尼的田酒　加脫拉斯酒

【第六百三十八類】　由火酒及葡萄酒加料製成液質　艾草酒　苦酒　佛毛司酒　米利酒

【第六百三十九類】　市上火酒　蘿葡製　糖汁製　穀製　山芋製　火酒

【第六百四十類】　各種酒精　威士忌酒　甜酒　俄人用酒屬　櫻子酒及殺克酒等

第一百三十一部　醱酵之飲料

【第六百四十一類】　蘋果酒及梨酒　麥酒皮酒　波脫酒及他種麯酒　布耳克酒　馬乳克酒及他種醱酵不濃之酒

第一百三十二部　不可食之農產

【第六百四十二類】　可織之植物　棉　帶稃之苧麻　亞麻　已整理及未整理者拉米麻新西蘭麻　各種菜蔬成絲者

【第六百四十三類】　在莖或在子內產油之植物

【第六百四十四類】　不可食之植物脂肪及油類

【第六百四十五類】　合硝皮質之植物莠草及毒草

【第六百四十六類】　染料植物　藥料植物

123

【第六百四十七類】　蛇麻　刷毛草金雀粒等

【第六百四十八類】　生羊毛　已洗淨或未洗淨

【第六百四十九類】　裝包店之旁產品

【第六百五十類】　羽毛　絨毛　髮　鬣等

第一百三十三部　益蟲及其生產物、害蟲及植物病害

【第六百五十一類】　益蟲、害蟲之按類收集

【第六百五十二類】　動植物中之寄生植物之按類收集

【第六百五十三類】　蜜蜂　蠶及他種絲蟲　胭脂蟲

【第六百五十四類】　蜂及蠶之飼養與管理用具　蜂及蠶之生產物蜜蠟　蜂蜜　繭

【第六百五十五類】　驅除植物病害及害蟲之用具與方法

第一百三十四部　森林

【第六百五十六類】　森林地理　地圖　統計及書籍　地理上森林之分佈　林類樹種植物搜集　種子樹皮　葉　花蕊　果實樹皮及木材

【第六百五十七類】　造林　林樹搜集之用具及方法　養樹園實習　畦植及畦播法

【第六百五十八類】　森林管理法及用途　防禦山火昆蟲病害之用具及方法　保林之組織　司林官之地點　林路及電話之布置　伐木之方法及器具　木材之轉運　伐木之法則

【第六百五十九類】　森林間接效用　水界之保護　氣候水土及公眾衛生之關係、防阻水蝕及沙土之移積　關於殺風勢之用游觀之用及打獵躲避所之用

第一百三十五部　森林生產物

【第六百六十類】　木材　木材所伐之方法及用具　木材之乾燥

修飾及排列　木材排列法則

【第六百六十一類】　由復製木材之鋸木廠、刨木廠所得之產品 傢具　車輛　桶　箱　椿　木片　門等　鑲木及製鑲木機

【第六百六十二類】　森林附屬產品　硝皮及精料　油及蒸液 煤炭　軟塞木　染木藥料及可織之樹皮　窰中乾木　木薪　墊物 木絲

九、牲畜門

第一百三十六部　馬及騾

【第六百六十三類】　馱馬

【第六百六十四類】　駕車馬

【第六百六十五類】　拖車馬

【第六百六十六類】　疾馳馬

【第六百六十七類】　純種馬

【第六百六十八類】　鞍馬

【第六百六十九類】　獵馬

【第六百七十類】　駒

【第六百七十一類】　雄馬及西班牙小馬

【第六百七十二類】　騾

【第六百七十三類】　飼養改良及使役法　馬騾業上之書報統計 及歷史

第一百三十七部　牛

【第六百七十四類】　菜牛

【第六百七十五類】　乳牛

【第六百七十六類】　畜牧飼養、榨乳、肥育、改良及繁殖等法牛業上之統計書報及歷史

第一百三十八部　綿羊

【第六百七十七類】　細毛羊

【第六百七十八類】　粗毛羊

【第六百七十九類】　中毛羊

【第六百八十類】　內用羊　種子羊

【第六百八十一類】　放牧、飼養、肥育、改良、繁殖及剪毛等法　羊業上之統計書報及歷史

第一百三十九部　山羊等

【第六百八十二類】　山羊及他種未歸類之馴育牲畜

【第六百八十三類】　放牧、飼養、繁殖、改良及肥育之方法該業上之統計書報及歷史

第一百四十部　猪

【第六百八十四類】　各種猪

【第六百八十五類】　放牧、飼養、繁殖、改良、肥育之方法猪業上之統計書報及歷史

第一百四十一部　犬

【第六百八十六類】　各種犬　獵犬　賽犬　駕車犬　看守犬　玩弄犬等

【第六百八十七類】　狗之生殖舍　犬類之展覽場　註冊部準繩及書報　飼養及繁殖改良方法

第一百四十二部　猫及玩弄小畜等

【第六百八十八類】　各種家猫

【第六百八十九類】　鼠類之效用

【第六百九十類】　兔及其繁殖法　用為食品　其傳染毒之害

第一百四十三部　家雞及鳥類

【第六百九十一類】　各種家雞包含火雞及未入他類之各種家雞

【第六百九十二類】　鴨　鵝　天鵝及他種水禽

【第六百九十三類】　鴿類　家養之鴿　鴿巢

【第六百九十四類】　珠雞　孔雀　鴕鳥　雉

【第六百九十五類】　家禽及鳥類之塒堝及物件　家雞展覽場最優之標準　家禽飼料書報、統計、價格、飼養及繁殖改良之方法

十、園藝門

第一百四十四部　植果栽花種樹之器具及方法

【第六百九十六類】　園藝器具收集、裝包、轉運產品之方法及器具修樹及接樹刀梯　燒❶水器　噴水器　殺蟲藥

【第六百九十七類】　霜戰要理　方法及計畫　防禦霜害器具融霜法界園溫暖器　溫暖器　蒸發器及蓋

【第六百九十八類】　裝飾亭園之器物　瓶　罐　椅　座位　噴水池　標籤等

【第六百九十九類】　溫室及其附屬物　溫暖器　席等

---

❶　"燒"當為"澆"。——編者註

【第七百類】　植物用之水池　屋內鳳尾草栽培所

【第七百一類】　亭園建築術及園中布景法　圖畫模型書籍等

第一百四十五部　種葡萄之器具及方法

【第七百二類】　種植葡萄建築物之模型

【第七百三類】　收採裝運鮮葡萄法

【第七百四類】　葡萄乾培植法　製燻法　裝包分等等

第一百四十六部　果實學

【第七百五類】　蘋果類及有核之果實　蘋果　梨　木瓜　桃　杏　李　油桃　櫻桃　葡萄等

【第七百六類】　佛手類之果　橙　檸檬　白檸檬　柚子　石榴等

【第七百七類】　熱帶及半熱帶所產之果　波蘿蜜　亞復克多梨　香蕉　番菜　芒果　羅望子　無花果　橄欖　散坡地拉等

【第七百八類】　小果類　楊梅　覆盆子　桑子　懸鉤子　荊棘子　蘡薁等

【第七百九類】　霜地用禦霜器具所得之果類

【第七百十類】　果仁類　核桃　杏仁　栗子　榛子　北美洲核桃　四果梨等

【第七百十一類】　蠟製或石膏等製之果實模型、照片、書報等及紀錄

第一百四十七部　乾燻法製耐久之果實

【第七百十二類】　乾果及法製果　梅乾　無花果乾　葡萄乾　柑乾　杏乾　乾棗等

【第七百十三類】　不用糖製之果乾

【第七百十四類】　裝於錫罐或玻璃瓶之罐頭果品

【第七百十五類】　酸果　白蘭地果　各種果膏及保存之食品

【第七百十六類】　法製果乾

【第七百十七類】　生橄欖　熟橄欖　酸橄欖　乾橄欖　橄欖油

第一百四十八部　果樹種植法

【第七百十八類】　果樹及葡萄樹之搜集　傳種、裝包、水運、種植、長養、裝飾、修剪等方法

【第七百十九類】　小果植物　楊梅　覆盆子　桑子　荊棘子等傳種、長養、移栽、裝飾、裝包、水運等方法

【第七百二十類】　果實果仁之異花交接法

【第七百二十一類】　果樹葡萄樹及其他植物之蟲害病症及其消毒新器之陳列　食生物蟲及其寄生蟲之利用

第一百四十九部　大樹灌木美觀植物及花卉

【第七百二十二類】　秧苗或接樹之美觀樹　傳種、裝包、水運、種植、長養、裝飾、接樹、修剪等之方法

【第七百二十三類】　順時華枯或長青之美觀灌木傳種、裝包、水運、種植、長養、裝飾、接樹、修剪之方法

【第七百二十四類】　園囿所用之花樹　珠莖植物　地上所生之草本植物　植物標本

【第七百二十五類】　植物保育所之美觀或生花之植物　溫室植物　不甚高溫度室內之植物

【第七百二十六類】　各國實用或美觀之種植標本

【第七百二十七類】　果實助長法　標本及方法

【第七百二十八類】　美觀樹木及植物之虫害　菌物及寄生物之

生長　天然及人工驅除此害之方法

【第七百二十九類】　花叢及花籃　天然花之花球　蠟或他物假造之花葉及植物

第一百五十部　傳種之種子球莖截枝等

【第七百三十類】　花木種子之搜集

【第七百三十一類】　種植用球莖之搜集

【第七百三十二類】　接樹用之樹秧及截枝等之搜集　苗圃樹幹裝包水運方法

【第七百三十三類】　製造香料、精汁、藥材用之花卉及植物

第一百五十一部　園藝學理及園藝統計

【第七百三十四類】　各省各國果業地面比較之圖表　顯明果業團改良裝包售賣法以求果業進步情形之圖表

【第七百三十五類】　各種果實所需雨水量、灌溉水量或兩者相合水量之圖表　各省各國果實成熟時期之圖表　各省各國果實適宜市場之名目及時期之圖表　日光雨水風力與果實產量品質關係之圖表

【第七百三十六類】　各國園藝會社成績及歷史之圖表，關於此類之書報

【第七百三十七類】　因禦霜方法兩有益於種植之地方之圖表

【第七百三十八類】　各國及各省之進口果樹檢疫文件，關於檢疫之護照、簽識、憑照等之圖表

十一、採礦冶金門

第一百五十二部　礦場之工作　礦床及石礦（設備及方法）

【第七百三十九類】　地質測量之設備及方法　礦務局所會社及他種發達礦務之公所　關於礦務之地面及地下測量考察之器械及設備

【第七百四十類】　調查審計礦脈及礦產之設種及方法，如調查建築石料、煤、石油、天生煤汽及噴泉等

【第七百四十一類】　取樣驗金、分拆檢測礦石金類及礦物質等之設備及方法

【第七百四十二類】　鑽鑿及他種碎裂山石礦山及石礦等之設備及方法　豎坑　開口坑道　橫道或隧道等之設備

【第七百四十三類】　礦　石礦及深井所用之炸藥及安放取理發放炸藥之方法　各種爆裂品及其檢驗之方法及設備

【第七百四十四類】　採掘煤及他種礦之設備及方法　用木料或他法建造豎坑、橫道、地室、隧道等及預防地面崩塌之設備及方法

【第七百四十五類】　用以採掘石礦及他礦並取理礦物設備之電動機、壓汽機及他種致動機械

【第七百四十六類】　地下取理及轉運礦物煤等之設備及方法（包含引曳機繩索及用壓氣電格梭林火酒等之機車）

【第七百四十七類】　礦及石礦內驅水之機械及器具

【第七百四十八類】　礦中流通空气之設備及方法

【第七百四十九類】　礦中照耀之設備及方法　油亞細的林　電燈　保安燈　檢驗及清潔燈　探驗礦中燃燒氣之燈及他器

131

【第七百五十類】 礦中保安設備及方法 保安器具（包含信號礦中電話等）保安方法預防灰土爆裂及他種不測事之方法 礦中救火之設備及方法 關於礦及石等中保安之法則章程等

【第七百五十一類】 礦中援救方法及設備 接氣器具等 觸電及受礦中之气而气閉者之救治方法及設備 礦中受傷者之急救方法及設備 礦中衛生之設備及方法

【第七百五十二類】 在礦中取理秤量礦物之設備及方法 地面上轉運之方法 礦物桶 遮敞物、檢拾抬等鐵路電車路料板、皮帶轉運器、鬆鐵索 空中繩索等 船上車上起落礦物之器具方法

【第七百五十三類】 取理气體類流體類或溶解於流體類之礦物之機械 如石油、天成氣鹹、硫磺等 蓋塞煤氣及煤油井之方法及器具 管子 儲蓄所等

【第七百五十四類】 鑿石礦或相似之礦所需之設備及方法

【第七百五十五類】 取理沙石及他種疏鬆質料（包含金類及他種寶貴之礦物等之方法及設備）

第一百五十三部　礦物與石料及其用途

【第七百五十六類】 關於地質學、普通礦物學、結晶學、古生物學之有系統的搜集 關於顯明結構所在情形及礦源等之搜集及表明礦物各地分配之地圖

【第七百五十七類】 粗割或磨光之裝飾及建築石料造路及他種用處之石料

【第七百五十八類】 切鋸磨光雲母石、花崗石、板石及他種建築石料

【第七百五十九類】 碎裂、分開、洗滌、乾燥岩石、黏土及他

種礦物之設備及方法

【第七百六十類】　製造石灰及水門汀之岩石　製造石灰水門汀之方法及設備　出品及用途

【第七百六十一類】　磨刀石浮石　天然及人造之他種磨刮石製造法及用途

【第七百六十二類】　耐火之岩石、耐火黏土及沙　塑模砂

【第七百六十三類】　黏土漂布土高陵土（即陶土）長石　桂砂　桂石水晶及他種製造陶器磚　燒泥玻璃等之質料　用法及出品之標本

【第七百六十四類】　雲母石　絨海泡石　瑩石　墨炭　石膏及他種非金屬之礦物出品用法

【第七百六十五類】　玉及他種寶石　玉工之工作　假造寶石之材料及其製造法

【第七百六十六類】　食鹽　硝酸鹽　硫酸鹽　硼酸鹽　及他種天然鹽及其出品煉淨法

【第七百六十七類】　礦水　泉水情形　水之用途

【第七百六十八類】　硫礦　黃鐵　用法成品

【第七百六十九類】　礦物漆製造法成品

【第七百七十類】　礦物肥料　天然及人造之窒素之本原　苛性加里磷酸鹽　製造法及其成品

【第七百七十一類】　地瀝青　地瀝青岩石　石蠟　琥珀　黑玉等　採取取理煉淨及用法成品

【第七百七十二類】　礦物燃燒料及發光料　泥炭燭炭　（木成之煤）瀝質煤、無煙煤土及壓實煤　石油及其出品　礦質氣　搗碎分開洗濯煤之設備　壓實燃料之設備及方法　製造骸煤及其副產

133

物之設備及方法　儲蓄鍊淨取理石油及天然氣成品之設備及方法

【第七百七十三類】　各類之金屬礦物及出品　未與他雜質化合之金屬

【第七百七十四類】　假造礦物　造法及用途

第一百五十四部　礦之模型地圖及照片

【第七百七十五類】　顯明地質或地形與礦藏之關係及礦藏之構造及所在之情形之地圖、表、照片、模型等　礦之模型　作工圖　地圖　照片　幻燈上所用之影片　活動畫等及他種顯明礦中作工機器　篷帳等之物

第一百五十五部　冶金

【第七百七十六類】　關於下列各事之設備方法及成品

（甲）　取理礦塊法如揀選、傳送、提升、秤重、勻攤等

（乙）　製備礦塊法如碎、拆舂、碾、研、洗、燥等

（丙）　礦塊之濃鍊暨其分拆分類楄篩　水拆篩　沙泥之分拆器　礦泥之澄清器　礦泥之濃斂器　乾燥器等　清水機　利用油气等之浮拆法　磁電濃斂法、火分法、塊結法、半鎔法等

【第七百七十七類】　關於由鐵礦鍊銑鐵之設備　材料方法成品及副產品　鎔冶鐵礦之設備鼓風爐及其附屬物　火爐及其建築火爐燃燒時之應用器械及爐中副產物之處理及利用法　測量爐中溫度之器具、燃燒气之生成器及引用器　流體　固體　燃料之製備及其用處　空气之引進法　乾燥法　及燒熱法　鐵滓之處理及其用途　塵土煙煤等之用處　害處　及其修復法　銑鐵之種類

【第七百七十八類】　冶金用耐火材料之製造設備方法成品及其用途（如磚塊、坩堝、火罐等）

【第七百七十九類】　關於柏生墨鍊鋼法　開口爐鍊鋼法　坩堝鍊鋼法　電气鍊鋼法等之設備、材料、方法及其成品　鋼條鋼粒鋼塊鋼片之鑄就品及他種待鍊成之材料　過燒爐打樣之捶壓碾等品　由鐵礦冶鍊成鋼之各種方法如電氣鎔鍊、電氣精鍊等

【第七百八十類】　冶鍊特別鋼及含合金之鋼之設備材料方法及成品　並此中應用之錳、鉻、鎳、釩、鎢各金屬之冶鍊

【第七百八十一類】　關於製生鐵及鍊生鐵之設備材料方法及成品

【第七百八十二類】　商品上鋼鐵之製造設備、方法、手續如所謂市賣之鐵條　鐵圈　鐵帶並製鐵絲之細鐵條　製就之鋼絲或鐵絲特別應用之鋼鐵　艦鐵　建築用、冶金用並各種用鐵片鋼片　鐵軌鐵軸鐵束　鐵輪　大件之鑄鐵　砲腔砲彈　水師外應用砲件之製造設備及成品

【第七百八十三類】　除鑄鐵管外各種無縫管之製造法　製造之設備及成品

【第七百八十四類】　各種起邊印紋穿孔及已割裂已修飾之鐵片鐵楄及其成品

【第七百八十五類】　普通鑄鐵場之設備　鑄鐵之手續及成品

【第七百八十六類】　冶銅之設備材料手續及其成品　銅礦之處治法　製鍊各種塊條片線之紅銅、黃銅、青銅及各種銅合金　金銀各質之電分電冶法並他種方法

【第七百八十七類】　金銀冶鍊之設備材料手續包含混汞法、水力冶鍊法等及此類之產品　金銀礦之處置　火罐之混汞法　精鍊沈澱下並電解後之礦泥法　金銀之互分　金銀幣胚胎之鎔化精鍊印壓及裝運法　條狀及他狀之金銀塊

135

【第七百八十八類】　冶鉛之設備材料手續及其成品　鑛塊之處置（包含鼓風焙鍊法、半鎔法、塊結法、鎔鍊法等）　鉛塊之精煉　鉛鑛內含蓄金銀之分拆　市售之塊條丸管等之製煉法　鉛合法　白鉛及他種鉛顏料

【第七百八十九類】　鋅鍋汞冶煉及其合金之設備材料及手續　鋅餅　條狀片狀鋅　鋅白　電池用鋅條及鋅質之備製法

【第七百九十類】　鋁鈉鈣錳及其合金冶煉之設備材料手續　電冶各法所精製之金屬及合金之未歸類者

【第七百九十一類】　砷、銻、錫、鎳、鉑及他種未歸類之金屬及其合金等（如日耳曼銀等之製法等冶煉之設備、材料及其手續）

【第七百九十二類】　冶煉金銀等存下棄金棄銀之收復手續及處治手續，並處置收復此類貴重金屬化煉廠塵土之手續及其設備　金、銀、鋁、鋅、鉛、錫等及其合金之碾搥磨各器械、各手續及各種成品　白金並他種罕金製做之器械及製造之方法

【第七百九十三類】　未歸類之各金各鑛冶煉精煉之電气設備手續及其成品　電鍍電气及他種之鎔合法　電鑄　他種電冶器械之未歸類者

【第七百九十四類】　裝貼貴重韌固各金屬之器械及方法（除電鍍外）堅固箱櫃法韌金法　澱金法澱積鉛皮鎳皮錫皮法　各種洋鐵製（如亮洋鐵、暗洋鐵、糙光洋鐵、美觀洋鐵、印紋洋鐵等）

【第七百九十五類】　琺瑯術之用器及成品　各種金類之裝貼保護法之未歸類者

第一百五十六部　採礦冶金論學之書報

【第七百九十六類】　關於地質學、礦石學、古生物學、地形學、石礦中意外事冶金學處理、礦產物及發達水源之統計書籍等

巴拿馬太平洋萬國博覽會章程

　　本會系為慶賀巴拿馬運河竣工而設，會址在舊金山，一千九百十五年二月二十日開會，十二月四日閉會。

　　下列章程，承巴拿馬太平洋萬國賽會公司董事會之命，特行宣布，以為國內外赴會者之指導。

第一章

　　【第一條】　查照本國大總統一千九百十二年二月二日公布之文暨國會一千九百十一年二月十五日公決之案，此次賽會各國人民俱得赴賽並同慶巴拿馬運河開放之盛典。

　　【第二條】　會址在舊金山沿港，界域計有六百二十五英畝，內有地一段與政府軍用地毗連，經國會於一千九百十二年正月十八日議決併入會場。會場沿金門灣處計長一萬五千英尺。

　　除以上會址而外，尚擬在金門園、林肯園建築屋宇為賽會之用，於城中適中地別建聚議廳一所。

　　【第三條】　凡關於賽會之管理行政各機關俱應受命於總理，以會務行政股中人員暨公司會計監理員組織總理之理事廳。

總理所屬辦事人員如下：

（1）管理國內外人赴賽總董一名；

（2）陳列司長一名；

（3）拓殖司長一名；

（4）工程司長一名；

（5）會基分配司長一名。

在以上各司司長之下，尚有各科分掌陳列賽品、建築修理屋宇等事，每科設領袖一名。總理可隨時選派他項執事人員，惟須經董事會認可。

第二章

【第一條】　赴賽物品分為若干門，每門分若干類，每類分若干種，以便陳列時，不致錯雜無序，且便評獎會之觀覽。會場內之陳列館即依此門類建築，所分各門開列如下：

（1）美術門；

（2）教育門；

（3）社會經濟門；

（4）文藝門；

（5）製造工藝門；

（6）機械門；

（7）轉運門；

（8）農業門；

（9）牲畜門；

（10）園藝門；

（11）採礦冶金門；

（12）在太平洋界內新發現物及航海門。

【第二條】 遵照定章暨查照以上所開各門，建築陳列室，面積寬廣、裝置合宜以為容納各門相當賽品之用。

第三章

【第一條】 第一章第三條所開四司司長暨所屬各科領袖可議訂關於各科辦事詳細章程。

【第二條】 陳列司長應綜理陳列，管轄赴賽物品及關於賽品之一切事宜，管理賽會之總董系代表總理，該司長須聽其指揮。

第四章

【第一條】 第二章第一條所分賽品門類作為定章全體之一部分。

【第二條】 賽會公司在未開會以前得以修改前定之物品門類，惟須公佈三十日，及用函通知本國、外國各賽會代表。

第五章

【第一條】 凡入會場觀覽者，年在十二歲以上納費五角，五歲以上十二歲以下納費二角五分，五歲以下而有成年者攜帶不取費。

【第二條】　凡赴會之人或其代表入場照料賽品，自應從寬免費，惟亦擬略示限制。

第六章

【第一條】　凡會場地基為陳列賽品之用者，概不收費。

【第二條】　凡會場地基為本國各省地方政府暨外國政府建屋之用者，概不收費。

【第三條】　會場中正陳列所每日早九鐘起至日入止，任人觀覽，惟美術陳列所可延至日入以後。

第七章

【第一條】　凡公司行店或個人於赴賽物品確係親自製造，始得為正當赴賽之人，惟曾出力助該物品之製成或曾分任其事者亦得享相當之待遇。

【第二條】　此次賽會係為近今新物品而設，赴賽商品中如有製造在一千九百零五年以前者，不入評獎之內，歷史物品亦不贈獎。

【第三條】　凡赴賽物品應歸入何國者，以該物品製造之地而定，不以製造之人而定。

【第四條】　凡外國赴會，須有正式代表，由本美國國務總理或他人介紹於本會總理。

【第五條】　凡外國赴會派有正式代表，應由該代表與本會商占會基事宜。

【第六條】　本國各省赴會一切事宜自應由本會與各省政府所派代表互相籌商。惟本會得以與各公司行店或個人直接辦理，關於美術品商品更宜直接辦理。

第八章

【第一條】　凡欲商占會基建築屋宇以及欲於戶外陳列賽品者，須於一千九百十四年六月初一日前陳明。

【第二條】　凡農圃物品須待養種者應預計若干時始可長成，在開會前安置妥貼。庶在開會期內適為此種物品長成之時，故依照此條章程，樹木類中有須著手種植，至遲不得過一千九百十二年八月初一日。

【第三條】　凡欲商占正陳列館地基者須在下開日期以前陳明：

（1）各種機械物品擬在會場演試者，須在一千九百十四年八月十五日以前陳明；

（2）各種機械物品不在會場演試者，須在一千九百十四年十月初一日以前陳明；

（3）美術品、天然品、製造品等，須在一千九百十四年十月初一日以前陳明；

（4）凡公司或個人特別商占會基，須在一千九百十四年十月初一日以前陳明。

【第四條】　凡商占館內會基者，須具陳請書送交本會總理，陳請書式由本會發給。

【第五條】 凡商占館內會基者須送交圖本一份，圖以寸之四分之一為一尺，詳列水平垂直投象及外形大概。此項圖本須經該管科領袖暨陳列司長認可，並須與全體房屋及其內部裝置之法不相違背。

【第六條】 會基執照不得移送他人，賽品須與陳請書內所載相符。

【第七條】 除有總理正式命令，本會不得將赴會者之人及人數行為並商占會基等事轉告他人。

【第八條】 如赴會者或本國及外國之各省委員等結合團體，本會概不承認。如此項團體或其代表因關於會中事務或赴會者之事務與本會交涉，概置不理。

第九章

【第一條】 凡關於賽會一切文件，須寄美國舊金山巴拿馬太平洋萬國賽會總理（President of the Panama-Pacific International Exposition, San Francisco, U. S. A.）。

【第二條】 凡封裝賽品之包裹等件，須寄交總理。

【第三條】 凡寄送賽品之標貼，由本會備贈。此項標貼應載明下開事項：

（1）所寄賽品應歸入某館陳列；

（2）寄發地名；

（3）赴賽之姓名住址及該赴賽人所寄包封總數。

【第四條】 賽品裝箱用螺釘緘封，較用鐵釘及鋼箍為善。包封等均須兩面或多面書明寄往地址，包封內須附一物品單。關於賽品之裝放安置等事，赴賽人得以自行斟酌辦理，惟不得與本會章程有所違背。

【第五條】　凡賽品應分列數科者不得裝作一包，亦不得裝入置於一箱桶。

【第六條】　凡賽品運費以及築房材料及一切用具等運費均由本人於寄出之地先行付清，本會概不承管。

第十章

【第一條】　賽品運寄到會，若久無人來經理，本會即將該賽品另行儲存，一切費用均由本主擔任。如有損害遺失等事，本會亦不負責任。

【第二條】　沈重賽品須另築基址，應行特別與工程司長商定，從早興修。

【第三條】　凡賽品須俟閉會後，始可外移。

【第四條】　一經閉會之後，所有建築品及賽品即宜著手拆移，至遲以一千九百十六年三月十五日為度。如至四月初一日尚未移出者，即視為原主業將賽品捨棄，本會得以移出，由原主擔任一切用費，或由本會斟酌他項辦法。

第十一章

【第一條】　賽品陳列所需之箱、盒、架、櫃等物須由本人自備，如機械所需之滑車中幹皮條、銅鐵絲以及氣壓機、清水管、穢水管等物亦由用主付費。

【第二條】 關於賽品陳列之一切裝飾不得與陳列司長所宣示之章程有所違背，並須經該館領袖許可。

【第三條】 凡陳列賽品者不得任意安置，致於他人有所妨害。

【第四條】 正會所內不得有砍截地板或移動基址等事，非經陳列司長之酌定及工程司長之允許，正會所內之建築物不得作安置賽品之用。

【第五條】 修建平臺裝置隔板以及櫃桌箱篋等物，俱由各館領袖規定章程，經陳外❶司司長認可公布遵守。

【第六條】 會基內一切建置須遵照以上諸條辦理。至所用桌布、窗簾、榻板、地板上所用之氈毯等須由各科領袖酌定，經陳列司長認可並須與工程司長所定全體配色之計畫不相違背。

【第七條】 各館領袖於本章之外得以增訂各項專章，惟須經陳列司長認可並須與本章不相違背。

第十二章

【第一條】 凡進口應行徵稅之物品運寄赴賽，遵照度支部定章，該物品進口時得以免稅。

【第二條】 赴賽物品可在會售賣，閉會後交貨。此項物品若在美國銷售，須在進口時通行稅章補完稅項。如有偷售私運等事，即

---

❶ "外"當為"列"。——編者註

按律罰辦。

【第三條】　外國賽品運送來會，美國政府當許其直接運至會場保稅棧房（United States Bonded Ware House）。

第十三章

【第一條】　本會為防火險起見，特備各項救火必須物品。本會對於賽品以及赴會人之所有物俱為加意保持，然會中物品如因火險、盜竊等事以致有所損失，無論其原因為何，損失數目若干，本會概不負責任。

【第二條】　凡危險物品以及物品與本會宗旨不合者或與公眾治安有礙者，概不准運入會場，或移出會場某部；隨時由陳列司長酌定辦法，由總董許可。

【第三條】　物品含有危險性質及專賣藥品，其中配料不分明者均不准運入會場。凡陳列司長所視為危險或有礙治安之物品，有權命其移出，惟須經總董之許可。

【第四條】　赴賽物品，本會概不保險；赴會人如願保險，可直接與保險公司商定。

第十四章

【第一條】　非經總理許可，工程司長酌定，會場內不得用各種報告牌貼，準用者亦不得過多。

【第二條】　各種物品說明書件祇可在會場內便宜之地分散，若該管科領袖視為有礙者，經陳列司長之許可，得以令其停止。

第十五章

【第一條】　赴賽人應將其所有賽品及陳列地收拾潔淨。
【第二條】　所有賽品每日在開正會所三十分鐘之前，均須陳列妥當，在遊覽時內不得有打掃等事。遇有赴賽人不遵此條規則者，該管科領袖經陳列司長之許可，得以斟酌情形，令其遵守。

第十六章

【第一條】　凡箱簍等件物品取出後，不得在陳列地安放，惟經該館領袖之酌定，陳列司長之授權者不在此限。
【第二條】　本賽會公司專備貨棧以為儲存箱簍等件之用，按照外間貨棧定價收費，用否聽赴賽人自便。
【第三條】　本會可代運箱簍至貨棧，收費從廉。

第十七章

【第一條】　非經陳列司長之認可，赴賽人之允准，會內賽品概不得摹畫仿作。

第十八章

【第一條】 赴賽人如欲用電燈、煤燈、水及汽機力等，須向陳列品所在科領袖陳明，並須由工程司長所備之陳請書登明所需之物。得該管科領袖之認可後，即將此項陳請書送交工程司長。

第十九章

【第一條】 凡欲在會基內開設觀覽場而收入場費者，本會亦可酌撥地基。若開設酒館、劇場等類與本會宗旨不甚相背者，其辦法另行酌定。

第二十章

【第一條】 本會用英文刻印所有賽品名目冊，外國各政府及本國各省賽品若係大宗，可另印名目冊，由該管科領袖酌定及總理許可。

【第二條】 賽品名目冊之販賣權專為本會所有。

第二十一章

【第一條】　本會組織警察隊以保護會場物品財產暨維持會場秩序。

【第二條】　本會備夫役多名，專備灑掃會場內道途暨正陳列所內之通路。其他本國暨外國所占之會所灑掃等事，本會概不承管。

【第三條】　赴賽人可僱用夫役在遊覽時間着管物品，此項夫役須遵守本會所定夫役規則。惟赴賽人欲僱用夫役，須該管科領袖正式允准並須經陳列司長許可。

【第四條】　無論國家、個人或各項團體，既為本會赴賽人，於本會所定各項管理辦事規章不得發生異議而違背之。

第二十二章　評　獎

【第一條】　賽品獎勵辦法係以自由競爭為宗旨，按照評獎會所定賽品程途發給文憑。文憑分五等：

（1）大獎章；

（2）金牌；

（3）銀牌；

（4）銅牌；

（5）獎詞，無牌。

【第二條】　凡赴賽物品俱可自由競獎。惟對於某物品有相當資格之人評議不以其競獎為然者，得總理之許可，此項物品不得競獎。

【第三條】　赴賽物品不在本會指定地方陳列者，評獎會不得審查。惟有因賽品性質或尺寸大小與指定陳列地方有礙而經該管科長暨陳列司長許可，該物品移至陳列所外者，可由總董陳請評獎會審查。

【第四條】　評獎會會員各國人俱得派充會員，全額六成須由美國人承充外，其餘四成，查照各類賽品數目多寡、重要程途❶，按類均攤。

【第五條】　各類評獎員領袖由該類會員公推。該領袖得為各門之評獎員，各門評獎員再公推領袖一名，該領袖得為最高評議員。

【第六條】　本會總理充最高評獎員名譽主席。其主席以本會總董充之，再由本會總理選派副主席三名，第一副主席代表歐洲，第二副主席代表南美中美，第三副主席代表東方。

【第七條】　關於評獎辦法以及外國入評獎會員數，另訂專章公布。

---

❶　"途"疑為"度"。——編者註

事務局擬訂巴拿馬博覽會中國出品總則

【第一條】　民國四年二月二十日起，四年十二月四日止，美國在舊金山開巴拿馬運河竣工紀念博覽大會，本國現已答覆與賽。凡願出品者，除別有規定外，均須遵照本總則，按下列各門籌備出品：

（1）美術門；（2）教育門；（3）社會經濟門；（4）文學門；（5）製造工藝門；（6）機械門；（7）轉運門；（8）農業門；（9）牲畜門；（10）園藝門；（11）採礦冶金門；（12）在太平洋界內新發現物及航海門。

【第二條】　出品者須查照第一條所列各門，由本局刊行之出品細目中所有品名準備出品，並須仿照所附標籤圖樣自行印就，填寫華、英兩種名字。

【第三條】　凡關於國際貿易之出品，須具有下列各要素方準與賽：

（1）現為國際貿易品及將來有可為國際貿易品者；

（2）每年確有多數出產者；

（3）確有一定之販賣機關者；

（4）非與賽時亦確有同種品級之物品者；

（5）經出品鑑查許可者。

【第四條】　凡赴賽之品，須為該公司行號或該出品人所自製者，其轉折出品之各項機關務須填明出品人姓名、住址。

【第五條】　凡物品有下列各項之一者不得與賽：

（1）製造在一千九百零五年以前者；

（2）危險品；

（3）與此次賽會宗旨不合者或與公共治安有妨礙者；

（4）物品含有危險性質及專賣藥品配料不明者。

【第六條】　出品者須按照第一號書式，每一類繕就願書一紙，第二號書式繕就出品目錄書兩紙，於本年十月三十日以前提出於本局。

【第七條】　出品經本局鑑查認可後，須按照第三、四號書式繕就說明書各二紙，於開展覽會畢，提出於本局。

【第八條】　出品之輸出期，依另章之規定。

【第九條】　出品之運送費，美術品及其他物品認為必須之保險費，皆由本局酌給津貼。

【第十條】　出品之陳列廚檯及裝飾費皆由本局置備，其自願特別裝飾者，須於提出說明書時添附圖樣，得本局之許可。

【第十一條】　出品之輸送、陳列、保管、販賣及運回等事務，如出品人不能自行處理，本局當代辦之。

【第十二條】　出品人如願意赴美自行照料，須於提出說明書時，將赴美人員姓名、籍貫報明本局。

前項之管理人須恪守本局章程，並須受本局之指揮監督。

事務局訂行各省辦理出品協會則例

【第一條】　各省各於商務繁盛之區設立出品協會一處，名曰某省出品協會，專為此次赴美賽會徵集出品之協助機關。

【第二條】　出品協會由各省行政長官召集各界，提倡組織之並刊發圖記一顆，以資信守。

【第三條】　出品協會之經費由各省地方行政費中臨時費項下籌支。

【第四條】　出品協會得置下別各項職員：

名譽總理　文牘幹事　庶務幹事　會計幹事　陳列幹事　臨時職員　評議長　副長　評議員

以上員額薪水由行政長官就事務之繁簡酌定之。

【第五條】　出品協會設事務所一處，或在各該省行政公署內或商會內不必另設，俾免糜費。

【第六條】　各出品協會成立後，須將預算經費、事務所地點、職員姓名、職業辦事細則、圖記印模、展覽會開會時期，報告本事務局備案。

【第七條】　出品協會須按照本事務局印行出品目錄及隨時訂行之，徵集出品手續辦理，如有因地方情形不同，須變通辦理者，應先商由本事務局認可後施行。

【第八條】　各出品協會俟徵集出品後，即擇公共處所定期舉行展覽會，期間至多以一月為限。先期報告本事務局，派評議員評定等級，呈請給獎並選定赴美各項合格出品。

【第九條】　各出品協會對於選定赴美各項賽品須會同各該出品人編造英漢對照說明書，限閉會後兩個月內彙送本事務局，以便審定帶往美國，備供審查。

【第十條】　各出品協會對於選定之赴美各項賽品，須查照本局訂行包裝方法指導監督之編號，分期運往出口之埠。如出品人願自行運美者，須由各該出品協會報告本局。

【第十一條】　各出品協會除勸誘出品外，尤宜勸導大宗出品人親赴美國觀賽，並將各該赴美出品人姓名、行號、住址、籍貫及其赴賽之品開單報告本局。

【第十二條】　各該出品協會所轄區域內，如有特種出品，或因預備需時或因裝置糜費未能陳列於展覽會者，得由該出品協會飭令繪圖陳列，並將將來所需面積及特別裝置計畫先期報告本局，以便核定。

【第十三條】　各出品協會之存立期間，以美國賽會期終，出品運回歸還原主清結為止，但出品運往未回期內，事務甚簡，應縮小范圍以節經費。

官廳出品規則

（按此官廳作廣義解，凡公立官辦之學校、工廠皆屬之）

【第一條】　官廳出品以表彰文化、比較政績、啟發生產、改良社會為宗旨。

【第二條】　各官廳如有出品，須先填寫出品通知書於本局，其書式如下：

某某部省所轄某某學校局所、工場、廠場代表出品人某某，住所，今將預擬出品名目等項開列於下。請即查核見復。此致

　局

品名　件數　質　容積　價格或價值　賣品或非賣品　摘要

【第三條】　本局特設官廳出品討論會，由局訂期函請各主管官廳派員按期蒞局，討論一切出品事宜。

【第四條】　各出品之代表人如有意見，須列席會議時，得由主管官廳先期將姓名函告本局，以便預備席次。

【第五條】　官廳出品之目的，除展示出品外，尤在派員觀賽，應由各主管長官於委員中指定出品處理人員辦理，該管出品赴美時偕同出洋，得遍考萬國典章文物，以資參證。

【第六條】　官廳出品之展覽，應列入所屬省分之出品展覽會。

【第七條】　官廳出品之一切費用，應由各主管官廳籌撥，作為

臨時支出分配之。

【第八條】　官廳出品之物品保險費由各官廳自備，惟格式規則等得查照本局訂行之保險方法辦理。

【第九條】　官廳出品之說明書應查照出品總章書式第三、四號填寫，彙交本局。

【第十條】　官廳出品之數量及其他一切辦法均適用普通出品一切規則。

事務局擬訂巴拿馬賽會中國出品人須知第一種

（1）凡商人出品，當以擴張銷路，併圖永久之利益為宗旨。

（2）商品之出品須以投外人嗜好，銷數繁多者為惟一目的。

（3）原料品、製造品之產量稀少者，無出品之必要。

（4）出品陳列數量之限制如下，但特別品不在此限：

以量計者，每品以五斗至十斗為率；

以斤計者，每品以五斤至十斤為率；

以件計者，每品以五件至十件為率；

以打計者，每品以一打至三打為率；

以套計者，每品以一套至三套為率。

（5）區別品類於審查上有重大之關係，即獎勵上受直接之影響，須照目錄確分門類，詳加說明。

（6）如易致毀損物品，須另備樣本，免致審查時因毀損而見擯斥。

（7）圖面統計表之類文字，須用英文。

（8）說明書務宜簡明，不尚誇張，非不得已，不宜隱蔽。

（9）凡有多數人欲出同種之物品者，須組織出品同盟會，或合同出品訂約申盟，公選精良，一致進行，不宜猜忌。其公選之代表人姓名須先期送呈本局備案。

（10）出品之裝置務宜講究，以期喚起觀覽人之注意。

籌備事務局指導出品改良凡例

（1）絲綢之疋頭、尺寸、厚薄、顏色，宜注意北中南美洲俗尚。

（2）瓷之新式飲食器皿式樣、花色，宜注意歐美俗尚，尤以花瓶、茶壺、茶杯、茶墊全套者最易銷。

（3）顧繡之用途、質地、花樣、長短、廣狹，宜特別注意，例如胸袖、裙帶之鑲邊、窗簾、檯毯、掛屏、鏡架與教堂用品，均求合其習慣為宜。

（4）宜興陶器之飲食器皿、陳設用具，宜注意式樣、花色，而尤以古式茶壺、茶杯（外綴菓子形式）兼有茶墊者為最暢銷。

（5）景泰藍之飲食器皿及陳設用具、玩具，務求合於歐美人之心理為度。

（6）金銀器皿、雕牙器等不止僅供陳設，要當切於實用，銷路必能加增。

（7）竹器、篾器之細緻工作，以合於美洲婦女、兒童之服用及其心理為宜。

（8）夏布衣料，其全疋、廣狹、長短，務合於婦女衣服之尺寸，或製成空花合於几棹蓋布為宜。

（9）花夏布以合於窗簾、各種檯几蓋布及茶盤飾布為宜。

（10）繭綢以合乎男女衣服材料及椅套各項用途為宜。

（11）地毯以歐美房屋普通定度及普通成正，花樣隨時能湊合拼花者為宜。

（12）泥塑優美人物及仙佛神像以表示中華風俗，合於歐美陳設者為宜。

（13）扇以廣東輕巧檀香鏤木扇、牙骨鏤空扇、絲絹製扇、精細紙扇為宜，惟扇骨底必須綴小銅環及絲帶為懸掛衣襟或裙帶之用。

（14）石貨以雕刻人物、各種雅緻玩具為宜。

（15）筆墨以水畫羊毫及徽陳小墨綻❶為宜。

（16）籐器以各種棹椅几榻、西式籃筐為宜。

（17）皮貨以貂、狐、獺、海龍、灰鼠、紫毛等細毛足供西婦外褂、領帽、頸圍之用者為宜。

---

❶ "綻"疑為"錠"。——編者註

事務局擬訂出品願書、目錄書、說明書式

一、出品願書式

具願書人　現住址
　　　　　職業
　　　　　商號及其地址
　　　　　籍貫

今願將另紙目錄書中所載之品，出賽美國舊金山太平洋萬國巴拿馬博覽會。如蒙允准，自當恪遵規則，如期赴賽。特具願書呈籌備巴拿馬賽會事務局鑒。

中華民國　年　月　日某某押具

二、出品目錄書式

第　門　第　類　品名　出品人姓名　籍貫　商號　住址
數目
尺寸（縱橫高）
質地

情形

陳列面積

陳列器（櫥架台）

摘要

三、出品說明書式

第　門　第　類　品名　出品人姓名　籍貫　商號　住址

產地或製造場

製造者

歷史

用途或使用方法

一年產額

一年銷額

販賣區域或輸出口岸

質地

關於該品之特別記述

得獎與否

摘要

事務局致財政部請關於賽品免收釐稅函

　　逕啟者：竊維國家之稅，源出於物力。而物力之獎進，重在觀摩。賽會者所以蒐集物品，研究改良，為商民擴充貿易之途，即隱為國家增進課稅之額。故賽會之於國家，既以拓植生利，收間接增稅之功。而國家之於賽會，亦宜豁免輸將以明示維持之誼。此衡之經濟原理，有一貫相因之勢，而徵諸事實，亦有其先例者也。今我國此次籌備巴拿馬赴賽事宜，所有調查、物品徵集、赴賽各事，業已分飭籌備。惟各省風氣初開，商智尤淺，重洋遠涉，誘導維艱。且時值革命以後，元氣未蘇，消費不貲，尤恐商力莫逮，查各國賽會通例，凡與賽物品，無不優準免稅，或特別補助運費，以恤商艱。我國前辦南洋勸業會時，亦曾經兩江總督咨請度支部豁免稅釐有案。所有此次赴賽，似宜查照辦理，惟如何訂立專章，以資遵守，應請貴部查照各國現行辦法，或援照南洋勸業會成例，核明見示，一面轉飭各海關釐卡遵照，以重賽務，而促進行，實為公便。

　　此致

財政部

財政部覆事務局赴賽出品准免釐稅函

逕覆者前準

函稱查各國賽會通例，凡與賽物品無不優予免稅，或特別補助運費。此次赴賽如何訂立章程，應請查照辦理等因，當經本部函致稅務處核辦。去後，茲准覆稱，向來各國賽會，凡華商赴賽物品均准免稅，歷辦在案。此次巴拿馬賽會所有由中國運往該會之陳列品，自應查照成案辦理。惟所運赴賽物品訂於何時起運，希轉該局先期開單知照本處，以便飭關驗放。函覆查照飭遵等因，前來相應，函達即希。

查照辦理可也。

此致

籌備巴拿馬賽會事務局

編者對於籌備巴拿馬萬國博覽會出品之意見

　　博覽會者，萬國國力之比較表也，而一切之設施必根於學問，夫無學之國不足以立於世界，此為天演之公例。故各國對於博覽會，不特視為商業之競爭，而國家存亡得失之機，皆有密切之關係，蓋不可以不察也。我國二十年以來，辦理賽會，其經過之境界，可分為三時代：一為放棄國權時代，二為循例參觀時代，三為入手研究時代。

　　所謂放棄國權時代者，即從前清政府以賽會為外交酬酢之舉，一切蒐集出品，悉以委之稅司，或派純無學識之人，董理其事，擯特別之出產而漠不加察，反以一切秕政陋俗，製成標本，以宣襮於異域，至為世所詬病。即如癸卯日本大阪內國博覽會，本有參考館，以歡迎各國之出品。而我國江楚魯蜀等省，人自為政，各不相謀，甚至福建出品竟以委託非人，附列於台灣館，幾經交涉，始克挽回。此無他，皆由賽會事務，無統一之機關。故省界之分太嚴，反置國體於不恤，蒙詬受辱，貽笑騰譏。此既往之事，可為嘆息者也。

　　所謂循例參觀時代者，如近年義大利米郎賽會、美國聖路易賽會，我國皆經派員預會，然所有出品皆任人民之自為，雖有駐外領事之報告，終未能循其指示改良之方法，妥為預備，以致出品失敗，糜費而無補。即間有一二留心時局之士，撮其聞見，著為日記，以餉社會，又惜無商品學，不能鑒別物品之良楛，研求風氣之趨嚮，終於工商業兩方面，不能受直接之利益。此則由於政府視同常例，蒞會參觀者又無專門學識以副之，其結果固宜如此也。

所謂入手研究時代者，則此次籌備巴拿馬博覽會事務局之施設為差近矣。按該局此次籌備人員，類皆曾經南洋勸業會之組合。所有進行手續，既有成規，復重以各省商會之協贊，出品協會之敦促，各縣展覽會之搜輯，各業調查員之支配。而南洋勸業會研究會之報告，亦於此時成書。果能就其中之批評，定出品之甄擇，雖未必悉中程度，要於改良工商業之道，或可為濫觴也。然編者於此次籌備出品辦法，意有欲言，不能不吐，以供各界之研究者，今略述一二條列於下。

一、宜注重出品之地位

中國號稱天產國，此為世界所公認，特以一般輿論，歆於物質文明之說，遂以生貨輸出為可恥，皆奮言欲自行製造，以挽利源。其用意不可為不善，無如我國科學知識幼稚，所有關於格致之出品，較之世界先進各國，不特為優與劣之比例，乃成有與無之懸絕。倘必不自揣量，強為規撫，則踔躓學步，不免有舉鼎絕臏之誚。不如認明絲、茶、棉、鐵、豆、繭各項特產，名譽久已騰播者，痛加改良，力為推擴，使固有之農品與新發見之礦物，同時增加其殖力，以供全球之取求，則天產國之位置，固有足以左右世界之趨勢者也。

二、宜注重出品之鑑別

博覽會出品綱目,浩如淵海,必欲逐件蒐集,鋪張門面,則近於誇豐鬥靡,雖多何益?吾謂此次徵集出品與南洋勸業會辦理,略有差異。國內展覽之品搜採宜寬,國外赴賽之品鑑查宜嚴。不然,以一中華特別館之面積,能有幾何?固不容兼收並蓄,作為普通之勸工場也明矣。

三、宜注重出品之說明

農工各品,出品人確有心得,猶能就應用之科學,詳為解釋,以資研究。獨至礦產一項,非有化驗所,必不能分析性質,詳敘應用之理由。從前各省礦政調查局,雖有報告,亦皆舉一漏萬,難於徵實。現今農商部礦政局業經成立,鄙見以為各省礦產均應由該局化驗所分別化煉,將來標籤說明,乃有依據。此外各大工廠除出品說明書外,均應將該廠歷史之沿革、營業之進退以及關於各該廠地基資本、勞動人數以及進貨出貨管理、衛生各項,凡可以為統計資料者,均應造一統計表,以為參考比較之用。庶幾對外可以恢張名譽,對內可以借資考鏡,此事關係匪細,甚願各實業家預備出品之外,銳意經營,無憚煩難,則大幸矣。

四、宜注重出品之陳列

以莊嚴璀璨之會場,聚恆河沙數之出品,陳列一不合宜,必不足以引起參觀人之興味。往者南洋勸業會開幕之際,各省專館陳列出品,漫無秩序,不惟劣者有濫充之譏,即優者亦以位置失當,頓形減色。此次賽會建築圖案,既已告竣,則其中館舍之大小、檯架之高低,急應早為布置。且須預算何處宜列農林,何處宜列礦冶,何處宜列工業,以及某品陳於某處,則光線不至相背,某品應襯某色則配置可以相稱。此非聘一美術意匠專家預為設計,則臨事張皇,苟且塗澤,必有不足以饜人望者矣。

以上各節,皆就籌備出品、陳列出品之職務各方面而言。此外尚有望於政府之提倡者,厥有三事:

(一) 曰補助商品

補助商品之經費,在國家雖為一項之支出,在國民實為一項之收入,故補助云者。非謂免納釐稅、代付運費及保險費,遂謂盡其職任也。法宜擇我國重要之特產,如絲,如茶,如磁器之類,就其歷次赴賽最得名譽之出品人,稍給欵助,使之竭力改良,總令此次赴賽之出品,其製造之精巧,必有以超過於前此得獎之分數而後已。即不然者,如廣東之牙刻、福建之漆器在十九世紀時代,久已馳名域外,震動一時,然自今日觀之,廣東之牙刻其工作並無新奇,福建之漆器其畫理並不生動。工業品不進步,是與天然品亦何以異耶?且考海關貿易冊,民國元年度,華貨運進美國,每年約值關平銀三千五百零四萬九千九百零二兩;美貨運進華口,約值關平銀三千六百十九萬七千六百七十一兩。進出相抵，美貨較華貨溢出一百十四萬七千七百六十九兩，足見中美貨價兩不相敵，顯然為實業上不可逃之弱點。現值巴拿馬運河開通之時，商業地理大為變遷，若不乘此機會，實力扶助，則太平洋之商務，我國人恐不能佔一位置。且中美尚無特別商約，一切進口稅則皆照普通之法律，則此項稅則，均應譯印成帙，交與出品協會，以為預定出品批發零售價格之標準。間有稅則過重，有非我國出品人所能擔任者，則亦在政府應行補助之列也。茲將美國進口稅則，摘譯於下，其完全之本，則有待於籌備事務局之頒佈矣。

美國進口稅則摘要

物別	稅率別	物別	稅率別
絲	整疋百分之四十五，手巾等無邊百分之四十	天鵝絨類	百分之五十
生絲繭	均免稅	綢緞衣服	百分之五十
有邊及繡花手巾	百分之五十	地毯	百分之五十
白布 即土布	不過九號百分之三七五，不過十九號百分之十	漂白 染色 印花 布	不過九號百分之十，不過三十九號百分之十五
同上	不過三十九號百分之十二五，不過四十九號百分之十七五	同上	不過十九號百分之十二五，不過四十九號百分之二十
同上	不過五十九號百分之二十，不過七十九號百分之二二五	同上	不過五十九號百分之二二五，不過七十九號百分之二五

續表

物別	稅率別	物別	稅率別
同上	不過九十九號百分之二十五，過九十九號百分之二七五	同上	不過九十九號百分之二七，過九十九號百分之三十
夏布	百分之三十	帶	百分之四十五
袋包	百分之十	蔴	免稅
棉花	免稅	棉花子	免稅
豆子	免稅	豆餅	百分之二五
芝麻	每磅一分	各餅	百分之二五
茶葉 桐油	免稅 五磅上下按空箱稅別	藥材	百分之十
粉條	每磅一分	瓷器	有花一百分之五十五，無花一百分之五十
陶器	有花及顏色一百分之四十，無花一百分之三十五	骨董瓷器	一百年以外免稅
磚	百分之十，有花百分之十五	皮張	未鍊者免稅
瓦	無釉每方尺一分五金，有花每方尺五分金	已染過整張皮	百分之三十
狗皮 山羊皮 整張	百分之十	皮造物	百分之四十
牛皮 狗皮 山羊皮 做的衣服	百分之十五	骨未造者	免稅
牛骨未造者	免稅	牛毛	免稅
豬毛鬃	免稅，每磅七分	彩羽毛 硬軟毛 未札染	百分之二十

續表

物別	稅率別	物別	稅率別
駱駝毛	免稅	又已札染不能做帽，可以做床墊者	百分之四十
駱駝毛雞毛可以進口	照章納稅	又可做女人之圍頸者	百分之六十
野鳥毛皮頭尾	不准進口	又可做女人之帽者	百分之六十
地席	百分之三十	草帽綆未漂白染色	百分之十五
席子	每方碼二分五	又已漂白染色	百分之二十
扇	百分之五十	葵扇及無花之扇	免稅
書籍非英文	免稅	雞蛋	免稅，五磅上下按空箱稅則
墨	百分之十五	雞蛋白黃	每磅一分金，百分之十

（二）曰養成人材

　　人材應分兩種，甲為博覽會執行之部，乙為博覽會調查之部。執行一部分，則現在籌備事務局各項人員，饒有經驗，加以此次之遊歷，凡巴拿馬賽會一切預備之程序，皆可增長其知識。數年以後，我國如有續辦博覽會，凡事務所內部之組織，固可免乏材之患。至調查一部分，則應分為商務調查、出品調查兩類。調查商務以有營業之經驗者為主，我國南洋勸業會，開會以後，向有組織遊美報聘團之說。何如趁此機會，由農商部咨行全國總商會，就商界中擇其資本雄厚，信用素著，熟習中外商情者若干人，由國家補助經費一半，由團員負擔經費一半，既可為推廣實業之謀，復可為聯絡國際之用，法固無有善於此者矣。調查出品以有專科學識者為主，出品綱目，凡七百餘類，斷非普通人士所能研究。鄙見除各省出品人及

編者對於籌備巴拿馬萬國博覽會出品之意見

專門家自行調查而外，尚有一種團體可以利用者，則留美學生界是也。查各國凡遇賽會，各學校學生，必有休假參觀之舉。美國學校，暑假期限延長，尤為適用。調查民國元年度，美國留學生不下四百人，就中肄業政治、外交、法律、經濟、教育者八十人，肄業公共衛生及橋路江河工程者六十七人，肄業汽電、機械工程者五十七人，肄業數理者、化學者五十人，肄業哲學、文學者四十八人，肄業農林蟲畜等學者四十五人，肄業礦工者二十人，肄業建築、軍艦工程者十五人，肄業醫學者八人，肄業陸軍者二人，肄業紡織學者一人。各學生學有專科，各查一種，較有門逕，似宜由政府補助留美各大學校各專門學校三學年以上程度稍高之學生，使於休假期內，就其所學，按照各館，詳細調查，分別報告。目前既得切實研究之書，日後可備審查委員之選，一舉兩得，莫便於斯。是有望於教育部與農商部之互相提攜者矣。

附列留美學生人數表

Athen's College（雅典大學）	1
Berkeley（貝克雷）	21
Boston Tech.（波士敦工業學校）	31
Brown（白郎）	3
California（加利佛尼亞）	18
Cazenovia Seminary（喀薩諾維亞學校）	1
Chicago（支克哥）	7
Clark College（克拉克大學）	1
Colorado（科羅拉多）	11
Columbia（可倫比亞）	28

Comvwy Hall（康威） …………………………………… 1

Cornell（科納耳） …………………………………… 45

Dean Academy（第恩中學校） …………………………………… 1

Drexel Institute（特勒色耳學校） …………………………………… 1

Emory and Henry College（厄摩里亨利大學） …………………………………… 1

Fork Union Military Academy（福克有寧武備學校） …………………………………… 1

George Washington（卓爾基華盛頓） …………………………………… 1

Georgia（吉俄爾給亞） …………………………………… 1

Goucher College（戈察大學） …………………………………… 2

Harvard（哈華特，又名哈佛） …………………………………… 16

Haverford College（哈維佛特大學） …………………………………… 1

Highland Military Academy（哈蘭特武備學校） …………………………………… 1

Illinoisi（奕倫諾爾） …………………………………… 36

John Hopkin's（約翰霍布經） …………………………………… 2

Lafayette College（剌法亦德大學） …………………………………… 1

La Grange College（剌格蘭吉大學） …………………………………… 1

Lehigh（勒哈） …………………………………… 8

Mass. Agriculture College（麻沙朱色得士農業大學） …………………………………… 4

M. I. T.（麻沙朱色得士實業學校） …………………………………… 2

Michigan（密執安） …………………………………… 42

Missouri（密蘇爾利） …………………………………… 1

Middleburg College（密特耳布里學校） …………………………………… 1

N. Carolina（北喀爾勒那） …………………………………… 1

Norwich（諾威次） …………………………………… 1

Norwich Military Academy（諾威次武備學校） …………………………………… 3

編者對於籌備巴拿馬萬國博覽會出品之意見

Ohio Northern （俺海阿北部） ……………………… 1
Ohio State （俺海阿州） ……………………………… 3
Penna （賓那） ………………………………………… 1
Pennsylvania （賓夕爾法尼亞） ……………………… 2
Penn. Military College （賓夕爾法尼亞武備大學） … 1
Princeton （伯林士敦） ……………………………… 2
Purdue （普爾多） …………………………………… 7
Ranselaer Poly. Institute （蘭斯雷工藝學校） ……… 1
Springfield Technical High School （斯勃林菲爾德高等工業學校）
……………………………………………………… 1
Stanford （斯坦佛特） ………………………………… 5
Syracuse （塞拉庫西） ………………………………… 11
Teachers College （師範大學） ……………………… 1
Temple （推布耳） …………………………………… 4
Theological Seminary, N. Y. （紐約修道院） ……… 1
Trinity College （得林尼地大學） …………………… 1
Virginia Medical College （勿爾吉尼阿醫科大學） … 1
Vermont （洼滿的） ………………………………… 1
Virginia （佛爾吉尼阿） ……………………………… 2
Wellesley （威勒斯雷） ……………………………… 4
Wilson College （威爾遜大學） ……………………… 1
Wisconsin （威士干遜） ……………………………… 34
Wooster （倭斯德） …………………………………… 6
Worcester （瓦色斯得） ……………………………… 2
Yale （耶路） ………………………………………… 12

173

留美學校種類表

省名＼所習科學	公共衛生及橋路江河工程	汽電、機械工程	礦工	建築、軍艦工程	農林蟲畜等學	數理、化學	政治、外交、法律、經濟、教育等學	哲學、文學	陸軍	醫學	紡織學	各省統計
直隸	2	3	0	0	0	2	5	4	0	3	0	19
山東	0	1	1	0	2	2	4	0	0	0	0	10
山西	0	0	0	0	0	0	0	0	0	0	0	0
河南	0	0	0	0	1	1	0	0	0	0	0	2
江蘇	20	16	5	7	14	10	9	13	1	0	0	95
安徽	0	2	1	0	3	0	2	1	0	0	0	9
江西	1	0	1	0	0	0	2	2	0	1	0	7
浙江	13	7	1	1	4	11	11	1	0	1	0	50
福建	6	2	1	4	1	2	3	2	0	2	0	23
廣東	19	20	6	3	20	19	32	23	1	1	1	145
廣西	1	0	0	0	0	1	0	1	0	0	0	3
陝西	1	0	0	0	0	0	0	0	0	0	0	1
甘肅	0	0	0	0	0	0	2	0	0	0	0	2
四川	0	2	2	0	0	1	2	0	0	0	0	7
湖北	3	0	1	0	0	1	4	1	0	0	0	10
湖南	1	3	0	0	0	0	3	0	0	0	0	7
雲南	0	0	0	0	0	0	0	0	0	0	0	0
貴州	0	1	1	0	0	0	1	0	0	0	0	3
統共	67	57	20	15	45	50	80	48	2	8	1	393

（三）曰鼓勵僑業

查西曆一千九百年留美華人八萬九千八百六十三人，留美日人二萬四千三百二十六人。兩相比較，日本僑業，瞠乎後矣。迨至西曆一千九百十年，留美華人七萬一千五百三十一人，留美日人則驟加至七萬二千一百五十七人。此足見日本僑業之勃興，我國僑業之失敗矣。然窮其所以失敗之故，固由於國貨滯銷，旅外僑民無所藉以謀活，亦由鼓勵乏術，冒險商業無所資以進行。參考最近舊金山居留華人人口職業調查表，及居留美國嘉利寬尼省華人人口職業調查一覽表，內惟廣東一省，富有營業之性質，人數尚繁，其餘各省，大率安於習慣，裹足不前。為今日計，欲圖鼓勵之策，惟有聯合舊金山之華僑，仿照賣店公司之辦法。在會場附近一帶，另賃市場一所，招徠華商，分區營業，並為指定旅館數處，妥為招待。一面先由舊金山領事，剋日派員調查美俗之好尚及國貨之流行品，分別種類，編成報告，以為各業之嚮導。此項商品，隨時可以發售，即隨時可以得價，且無一定之限制，一年之內，皆可視其銷路之消長，為運貨之伸縮，以視陳列會場，必待閉會以後始領全價者，較為利便。若恐各商無力，旅費維艱，可由農商部咨請海軍部酌派軍艦兩艘，護送遊美報聘團及此項貿易商人，同時出發，既以開海外航業之先聲，復可預艦式觀先之盛典。預料會期以內，此項營業獲利必豐，既可誘國民世界的之企業心，而國家移殖之政策，亦可藉以發展矣。

附居留美國嘉利寬尼省華人人口職業調查一覽表

職業別	男女別	人　　數
學	男	共一千二百二十八人
學	女	共五百人
商	男	共九千五百五十六人
商	女	—
工	男	共一萬二千六百七十一人
工	女	—
其他	男	—
其他	女	共二千九百四十人
合計	男	共二萬三千四百五十五人
合計	女	共三千四百四十人
合計男女總數		共二萬六千八百九十五人

附居留舊金山華人人口職業調查表

省籍	三佛蘭西斯哥即舊金山（San Francisco）								合計	
	學		商		工		其他			
	男	女	男	女	男	女	男	女	男	女
直隸										
奉天										
吉林										
黑龍江										
江蘇										
安徽										
江西										
浙江										
福建										

续表

省籍	三佛蘭西斯哥即舊金山（San Francisco）								合計	
	學		商		工		其他			
	男	女	男	女	男	女	男	女	男	女
湖北										
湖南										
山東										
河南										
山西										
陝西										
甘肅										
新疆										
四川										
廣東	三二〇	一八〇	四二一		一八六二		一四三二	六四二三	一六一四	
廣西										
雲南										
貴州										
蒙古										
西藏										
共計										

籌備巴拿馬賽會事務局
訂定出品人須知第二種

國際貿易品提綱並指導陳列及改良方法

（一）絲繭

白絲　黃絲　野蠶絲　機器繅絲　亂絲頭　爛繭殼

◆注意事項：按此項須講求雙宮薄皮製法，俾貨質漸良而增價值。

◆陳列裝飾法：可製成抽絲剝繭之人物模型及以絲製成山水或屏楣或由製絲而至織綢，依次表明手續亦可。

（二）茶

紅茶　綠茶　紅磚　綠磚　小京磚　茶末

◆注意事項：按此項須使色香味三者一致，免致有色無味、有味無色、有色而味不香，其平水之茶萬勿再著藍色。

◆陳列裝飾法：以裝成採茶裝等人物模型為宜。

（三）裘毛骨角皮

各種裘貨　生皮　熟皮　骨　牛角

◆注意事項：按此項缺點在多以原料品出口，務使設法改為半製品或全製品。

◆陳列裝飾法：可製人獸模型外罩裘，或毛側用桁懸角骨皮等件。

（四）棉麻

棉花　青麻　大麻　檾麻　苧麻

◆注意事項：按此項最宜戒除者在棉花攙水。火蔴一種近年銷路更大，蓋外人用漂白等法而以蔴假作絲，殊難分別，能仿其法試製更盼。

◆陳列裝飾法：裝成山水雪景。

（五）糧食豆餅

豆子　豆餅　麵粉　芝蔴　粉絲　各種子餅　各種火食

◆注意事項：按此項中豆子、豆餅等，外人亦不過取其油為正用途，取作肥料為附屬用途。我國工商盡可自製成油，惟榨油往往有質不能純之弊，果能設法改良，可獲倍利。芝蔴輸出，近年驟加，尤須格外留意。

◆陳列裝飾法：芝蔴可用廣東女工穿成樓台宮室，豆餅類疊成假山。

（六）綢布

綢緞　山東繭綢　絲綢緞貨　土布　夏布　紡綢

◆注意事項：按此項物品本可暢銷外國，今輸出額未見增加者，以花樣、尺幅、顏色、質地均不採外人嗜好，實為一大障礙。外國人所尚花樣多用純素或柳條或小花，顏色宜用淺灰、淺藍、深土及其他靜雅之色。如不知其習尚，寧皆用白，俾得任意染色，亦是一法。尺幅不必過寬，質地不必過堅。繭綢一種，尤宜注意求合外人裝服之用。

◆陳列裝飾法：裝成東西洋小兒衣褲及西女衣衫。

（七）服裝

各樣袋包　衣服靴鞋　草帽　木絲帽　草帽纓　蓆子　地蓆

◆注意事項：按此項中蓆子與草帽尤宜竭力改良。前十年美國幾全銷本國蓆子，後因日本所製者類能點綴外觀或用五彩花或繪山水，致銷路全為奪去。然外人現尚謂日本蓆質不如我國廣東之堅精也，務宜仿日本專求華麗，則質與形兩美皆具，庶足以挽利權。草帽纓係半製品，甚為可惜，外人現在我國開廠收纓製帽者，彼蓋利用工銀之低且省運費，甚可懼也。務宜設法自行製帽為要。

◆陳列裝飾法：袋包用六角玻亭，內懸以銀練。草帽衣鞋裝成人形，蓆裝大砲形或作桌椅面。

（八）器用

磁器　陶器　料器　磚瓦　金銀器　木料木器　竹器　籐　漆器　紙扇

◆注意事項：按此項如祁門磁泥、江西磁器、宜興陶器、廣東籐、福建漆、杭摺扇、北方磚瓦、溫州竹器、寧波木器，皆素著名，能採仿外人俗尚加意改良式樣，則銷路之旺可翹足以待。至於廣東籐之光滑，非若洋籐之粗無光；福建漆之耐用，非若化學制成假漆者易壞，凡此皆係特長，能加意改良製造，當可獨佔勝著。

◆陳列裝飾法：磁、陶料用屋塔或掛屏，或裝一小室內，桌凳皆用磁，磚瓦木器裝成房屋，金銀器扇用大玻廚內隔玻板，或以白銅鈎懸之。

（九）牲畜水產

牛 羊 猪 驢 騾 馬 京狗 雞 鴨 鵝 蛋白 蛋黃 鮮蛋 魚介海味

◆注意事項：按此項以雞蛋、海味、牛羊猪為輸出大宗，外人以蛋白製成假象牙，利益倍蓰。如飼養改良當可擴張銷額。北京之狗，外人往往嗜之，其毛色式樣較佳者可獲重價。

◆陳列裝飾法：蛋面繪人物裝成塔，魚介海味用玻瓶裝疊成台垛。

（十）藥材

白礬 樟腦 桂皮 茯苓 良薑 鹿茸 紅花 五棓子 陳皮 柚皮 大黃 杏仁 麝香 甘草 石膏等

◆注意事項：按此項多出於閩廣雲貴川，各省樟腦近亦有新法製者，如得良製，則銷路不患其狹。但歷來樟腦多系出於天然，務使用人力種樟，方能取之不竭。麝香一物，藥肆每將猪膽攙入，是宜切戒。

◆陳列裝飾法：用玻瓶裝，並製標本影片，裝作圍屏。

（十一）油

荳油 花生油 茶油 桐油 八角油 桂油 玫瑰油 牛油 柏油 猪油 白蠟 柏油

◆注意事項：按此項中如牛油、柏油、白蠟等為造燭製皂之原料，多宜自行製造，免為外人利用其原料。

◆陳列裝飾法：用玻瓶裝，用層塔或六角亭等為宜。

（十二）礦產

銻　鐵　銅　鉛　錫　煤　石枰　水銀

◆注意事項：按此項如湖南之銻、萍鄉之煤、大冶之鐵石、漢陽之鋼鐵，皆為對外貿易之出產地，務宜精籌出品，善為裝飾，以擴銷路。

◆陳列裝飾法：堆成假山或採礦模型，每種須有十磅左右。

（十三）菸酒

紙煙　菸葉　煙絲　酒

◆注意事項：按此項貨品，如山陝雲貴，皆為大宗出產地。

◆陳列裝飾法：用活動層塔作製成製煙作酒模型圖畫。

（十四）菜果

廣橙　福橘　桃　李　杏　梨　香　椒各種果及蜜餞

◆注意事項：按此項如蜜餞等，向以北地之品輸出外洋，然南方亦多佳品，宜設法提倡，使之出品。

◆陳列裝飾法：用玻瓶以酒精浸藏，或將瓶內空氣抽出。

（十五）糖

赤糖　冰糖　白糖

◆注意事項：按此項為我國大宗產品，自日人竭力經營台灣，其競爭結果我國漸形退減，是宜力挽利權，勿再棄置。

◆陳列裝飾法：冰糖裝冰山，外罩玻箱，或煎製種種玩物或以各種新式糖盒，疊成層級八角或八卦形。

籌備巴拿馬賽會事務局訂定出品人須知第三種

（一）果實包裝法提要

（1）可用硫酸紙包裝者如下：

蘋果、梨、佛手、檸檬、無花果、橘子、杏、柚子、木瓜、香瓜、枇杷、桃、青梅、李等種。

（2）宜密封於罐內者如下：

葡萄、荔枝、櫻桃、青果、白果、棗子、蓮子、杏仁、桃仁、海棠等種。

（3）可用蕎麥殼埋藏者如下：

橙子、石榴、柿子、波羅蜜、香蕉、西瓜等種。

（4）可用燒酒浸後裝入瓶中者如下：

楊梅等種。

（5）宜用流通空氣之器包裝者如下：

栗子等種。

（6）用硫酸紙澀紙或普通堅韌之紙包妥，裝箱時宜劃格分置者如下：

山梨、四果梨、鳳梨等種。

（7）箱中用細砂埋有物品者如下：

慈菇、花生等種。

（8）用抽出空氣法包裝者如下：

易致腐爛果品等種。

（9）用白鐵罐浸火酒裝物者如下：

薄皮果品等種。

（二）附記

（1）上項所列果實名稱系摘要舉之，凡未經列入之果品，其包裝法得參酌情形，比照各項方法辦理；

（2）貯藏果品時不可互相接觸；

（3）成熟之物不可列入，路程遙遠持久為難；

（4）甲項果實裝箱時不可多積，壓力一重，易致腐爛；

（5）如有習慣包裝法，較上列各法為完善而確能貯久不致腐爛者，得適用習慣包裝法；

（6）果品裝於罐內者宜用蠟紙密封之。

天產調查表

品名			備考
形色			外國關稅運費以紐約、漢堡、倫敦等處定率計算
用途	單獨用途		
	配合用途		
產地	省　縣　城　鎮　市或村		
	何處為最大產出地		
產額	各地年產若干		
	每年共產若干	每年出口若干	

续表

品名		备考
销售地	＿＿＿，＿＿＿，＿＿＿，＿＿＿，＿＿＿ 何地为最大贩卖地	外国关税运费以纽约、汉堡、伦敦等处定率计算
	每年共销若干 每年出口若干	
市价	现价每＿＿ 最高价每＿＿ 最低价每＿＿	
税金	本国出口每　　入口每 外国出口每　　入口每	
运费	陆运由……至……由……至…… 水运由……至……由……至……	
	由贩卖地至海口每　运费若干	
重量	每件若干＿＿＿＿ 每件皮重＿＿＿＿ 每件净重＿＿＿＿	
保险费	海上	
包装	何种包装法	
	长__ 宽___ 高___ 径___	
调查时日	年　月　日	
调查人姓名		
调查人住址		

绸缎调查表

品名		备考
花样		外国关税运费以纽约、汉堡、伦敦等处定率计算
颜色		
幅广		
疋长		
用途	单独用途	
	配合用途	

185

续表

品名		备考
製造地	省　縣　城　鎮　市或　村 何處為最大產出地	外國關稅運費以紐約、漢堡、倫敦等處定率計算
製造額	各地年產若干	
	每年共產若干	
銷售地	_____，_____，_____，_____，____ 何地為最大販賣地	
	每年共銷若干 每年出口若干	
市價	現價每_____ 最高價每_____ 最低價每 _____	
稅金	本國出口每　入口每 外國出口每　入口每	
運費	陸運由……至……由……至……	
	水運由……至……由……至……	
	由販賣地至海口每　　運費若干	
保險費	海上	
重量	每件若干_____ 每件皮重_____ 每件淨重_____	
包裝	何種包裝法	
	長__　寬___　高___　徑___	

調查時日	年　月　日
調查人姓名	
調查人住址	

絲茶磁調查表

品名		備考
式樣		
形色		
製造法		
用途	單獨用途	
	配合用途	
製造地	省　縣　城　鎮　市　或　村 何處為最大產出地	
製造額	各地年產若干	
	每年共產若干	
銷售地	＿＿＿，＿＿＿，＿＿＿，＿＿＿，＿＿ 何地為最大販賣地	外國關稅運費以紐約、漢堡、倫敦等處定率計算
	每年共銷若干 每年出口若干	
市價	現價每＿＿＿＿ 最高價每＿＿＿＿ 最低價每＿＿＿＿	
稅金	本國出口每　入口每	
	外國出口每　入口每	
運費	陸運由……至……由……至……	
	水運由……至……由……至……	
	由販賣地至海口每　　運費若干	
重量	每件若干＿＿＿＿ 每件皮重＿＿＿＿ 每件淨重＿＿＿＿	
保險費	海上	

187

續表

品名			備考
包裝	何種包裝法		外國關稅運費以紐約、漢堡、倫敦等處定率計算
	長＿　寬＿　高＿　徑＿		
調查時日	年　月　日		
調查人姓名			
調查人住址			

總號分號

				中華民國出品標籤						
第	門	品名	出品者	產地或製造商	商號	質地	用途	價格	摘要	出品代表
第	類									

Exhibit from the Republic of China

Group No.   Class No.

Name of Exhibit

Place of Production or Manufacture

Raw Material or Composition

Use   Price

　　Exhibitor

　　　　Representative

巴拿馬賽會中國出品目錄書

包箱號次	第　號	記號							
第　門	號數								合計
第　類	品名								
出品者	點數								
	質								
業　職	形狀模樣								
住所	尺度	縱							
		橫							
		高							
印鑑	容積磅數								
出品代表機關	陳列中減退換數	增							
		減							
	陳列館別								
代表機關所定頁數	陳列器別								

续表

第字 頁號	價目	價值							
印		價格							
	說明書頁數								
容器明記									
點數聲明									

　　上之容器記明者，即正面所有各品，自幾號起至幾號止，係裝入何質容器第幾號，該容器上即須照下列標記式填就粘貼 | 省 | 目 夏 | 號 |。

　　上之點數聲明者，除無疑義者不記外，須聲明正面第幾號物品以一打或一套、一盅，第幾號物品以幾支或幾對等為一點。

　　（1）每一張僅限填一類中之各品，不能兩類並為一張。

　　（2）如係非賣品，可於價目之欄填"非賣品"三字。

　　（3）號數者，非每類中之一品即為一號，乃以一品名為一號。例如秋梨十只、同種之茶葉五罐，非分作十號與五號也，乃於十個梨上各貼同號數之小標記十張，五個罐上各貼同號數之小標記五張。

　　（4）包箱號次及記號皆俟放洋時填明，初出品時可空之。

　　（5）陳列館別、器別，皆俟陳列告竣，方可查填。

　　（6）出品機關指出品協會、出品公司等而言。

　　（7）代表機關所記頁號欄內"字號"二字，係備陳列完整後，該品系何處機關處理,即填明該號字樣,如系浙江,則填"浙"字。其號之用法,係每一出品者為一號,以明某館、某機關出品共有幾號也。此為將來點收及編統計之用。

(8) 尺度以英尺為主。

(9) 點數者,非件數,亦非個數,乃物品之有總數名者。例如一打、一套、一盅、一疊、一組、一盒、一瓶,皆各為一點。他如合裝物之幾支、幾串、幾對、幾只,亦得名一點。

(10) 區別物品門類時,務宜詳查本局所刊行之出品綱目,係屬何門何類,方可填寫,萬勿錯誤,致日後點收時紊亂難檢。

(11) 陳列中退換數,係備開會中或有須更換者臨時記明。

(12) 說明書頁數由各出品機關查填,與出品者無涉。

(13) 各出品機關須俟出品檢查合格後,將合格之出品目錄書檢齊,每一門訂成一冊,而記其頁數。

(14) 印鑑者,即備將來交還物品時查對之用,以杜冒領。各出品機關須先聲明,將來領品時,領條上即須蓋用此項印記,方能交還,一面將草目錄上印鑑剪下,貼於此紙印鑑欄內。

巴拿馬賽會中國出品草目錄書

第 門	號數								合計
第 類	品名								
出品者	點數								
	質								
職 業	形狀模樣								

续表

住所	尺度	縱							
		橫							
		高							
印鑑	容積磅數								
出品代表機關	價目	價值							
		價格							
印	說明書頁數								
	說明書頁數								
容器記明									
點數聲明									

上之容器記明者，即正面所有各品，自幾號起至幾號止，係裝入何質容器第幾號，該容器上即須照下列標記式填就粘貼 | 省 | 目 | 夏號 |。

上之點數聲明者，除無疑義者不記外，須聲明正面第幾號物品以一打或一套一盅，第幾號物品以幾支或幾對等為一點。

（1）區別物品門類時，務宜詳查本局所刊行之出品綱目系屬何門類，方可填寫，萬勿錯誤，致日後點收時紊亂難檢。

（2）每一張僅限填一類中之各品，不能兩類並為一張。

（3）如系非賣品，於價目之欄填"非賣品"三字。

（4）號數者，非每類中之一品即為一號，乃以一品名為一號。

例如秋梨十只、同種之茶葉五罐，非分作十號與五號也，乃於十個梨上各貼同號數之小標記十張、五個罐上各貼同數號之小標記五張。

（5）出品機關指出品協會、出品公司等而言。

（6）尺度以英尺為主。

（7）點數者，非件數，亦非個數，乃物品之有總數名者。例如一打、一套、一盎、一疊、一組、一瓶，皆各為一點。他如合裝物之幾支、幾串、幾對、幾只，亦得名一點。

（8）印鑑者，即備將來交還物品時查對之用，以杜冒領。各出品機關須先聲明，將來領品時，領條上即須蓋用此項印記，方能交還。

案前項出品人須知第二種、第三種，及出品調查表、標籤格式、目錄書、草目錄書、籌備事務局發表登報之日。本書業經排就，然此項布告，與我國出品人實有密切之關係，用特補附卷末，以資研究。至目次脫漏，篇序凌躐，所不敢計也。編者識。

編後記

　　1912年2月，為慶祝巴拿馬運河開通，美國政府宣佈在舊金山市舉辦"巴拿馬太平洋萬國博覽會"。1914年2月至1915年底，巴拿馬萬國博覽會歷時近10個月，共有31個參展國，展品多達20多萬件，參觀者達1900餘萬人，其規模前所未有，在國際上產生了巨大的影響。

　　當時的中國將參加巴拿馬萬國博覽會視為中國走向國際舞臺的一件大事，成立農商部全權辦理此事，並成立了籌備巴拿馬賽會事務局，各省也相應成立籌備巴拿馬賽會出口協會，在全國範圍內徵集物品，所徵集的物品包括教育、農業、工礦、食品、園藝、工藝美術等類，共徵集參賽品10萬多件。最後，中國的展品在大賽中斬獲各種大獎74項，各種金、銀、銅牌，獎章，獎狀等1200餘枚，在31個參展國中獨佔鰲頭。

　　本書主要是向當時的中國社會傳播巴拿馬太平洋萬國博覽會這一當時國際上的重大盛會，作者介紹了巴拿馬運河的歷史開通之歷史過程，巴拿馬太平洋萬國博覽會之緣起，巴拿馬太平洋萬國博覽會的開設準備、規模和設計、展品的分類，以及中國的各項籌備工作等，對於今人了解當時世界各主要國家的科技、工藝和文化發展水平，具有積極的歷史參考價值。

　　李宣龔（1876~1953年），福建閩縣人，字拔可，號觀槿，室名碩果亭，晚号墨巢。中國近代詩人。晚清舉人（1894年），官至江

編後記

蘇候補知府。民國時期，曾任商務印書館经理，并兼发行所所长，供职于上海商務印書館多年。喜收藏同辈人的诗文、书法和绘画作品。1941年，任合众图书馆（上海图书馆前身）董事，所藏圖書、简札、書畫和卷轴一并捐入该馆。其生平诗文词，有如《硕果亭诗正續集》等。

本社此次印行，以商務印書館1914年出版的《巴拿馬太平洋萬國博覽會要覽》為底本進行整理再版。在整理過程中，一，將底本的豎排版式轉換為橫排版式，並對原書的體例和層次稍作調整，以適合今人閱讀；二，在語言文字方面，基本尊重底本原貌等。與今天的現代漢語相比較，這些詞彙有的是詞中兩個字前後顛倒，有的是個別用字與當今有異，無論是何種情況，它們總體上都屬於民國時期文言向現代白話過渡過程中的一種語言現象，為民國圖書整體特點之一。對於此類問題，均以尊重原稿、保持原貌、不予修改的原則進行處理；三，在標點符號方面，於民國時期的標點符號的用法與今天現代漢語標點符號規則有一定的差異，並且這種差異在一定程度上不適宜今天的讀者閱讀，因此在標點符號方面，以尊重原稿為主，並依據現代漢語語法規則進行適度的修改，特別是對於頓號和書名號的使用，均加以注意，稍作修改和調整，以便於讀者閱讀和理解；四，本書中在表達貨幣單位時，存在"元"與"圓"兩種，為保持圖書原貌，故不做改動；五，對於原書在內容和知識性上存在的一些錯誤，此次整理者均以"編者註"的形式進行了修正或解釋，最大可能地消除讀者的困惑。

文 茜

2016年6月

《民國文存》第一輯書目

紅樓夢附集十二種	徐復初
萬國博覽會遊記	屠坤華
國學必讀（上）	錢基博
國學必讀（下）	錢基博
中國寓言與神話	胡懷琛
文選學	駱鴻凱
中國書史	查猛濟、陳彬龢
林紓筆記及選評兩種	林紓
程伊川年譜	姚名達
左宗棠家書	許嘯天句讀，胡雲翼校閱
積微居文錄	楊樹達
中國文字與書法	陳彬龢
中國六大文豪	謝無量
中國學術大綱	蔡尚思
中國僧伽之詩生活	張長弓
中國近三百年哲學史	蔣維喬
段硯齋雜文	沈兼士
清代學者整理舊學之總成績	梁啟超
墨子綜釋	支偉成
讀淮南子	盧錫烓

國外考察記兩種	傅芸子、程硯秋
古文筆法百篇	胡懷琛
中國文學史	劉大白
紅樓夢研究兩種	李辰冬、壽鵬飛
閒話上海	馬健行
老學蛻語	范禕
中國文學史	林傳甲
墨子間詁箋	張純一
中國國文法	吳瀛
四書、周易解題及其讀法	錢基博
老學八篇	陳柱
莊子天下篇講疏	顧實
清初五大師集（卷一）·黃梨洲集	許嘯天整理
清初五大師集（卷二）·顧亭林集	許嘯天整理
清初五大師集（卷三）·王船山集	許嘯天整理
清初五大師集（卷四）·朱舜水集	許嘯天整理
清初五大師集（卷五）·顏習齋集	許嘯天整理
文學論	[日]夏目漱石著，張我軍譯
經學史論	[日]本田成之著，江俠庵譯
經史子集要畧（上）	羅止園
經史子集要畧（下）	羅止園
古代詩詞研究三種	胡樸安、賀楊靈、徐珂
古代文學研究兩種	羅常培、呂思勉
巴拿馬太平洋萬國博覽會要覽	李宣龔
國史通略	張震南
先秦經濟思想史二種	甘乃光、熊夢
三國晉初史略	王鍾麒

清史講義（上）	汪榮寶、許國英
清史講義（下）	汪榮寶、許國英
清史要略	陳懷
中國近百年史要	陳懷
中國近百年史	孟世傑
中國近世史	魏野疇
中國歷代黨爭史	王桐齡
古書源流（上）	李繼煌
古書源流（下）	李繼煌
史學叢書	呂思勉
中華幣制史（上）	張家驤
中華幣制史（下）	張家驤
中國貨幣史研究二種	徐滄水、章宗元
歷代屯田考（上）	張君約
歷代屯田考（下）	張君約
東方研究史	莫東寅
西洋教育思想史（上）	蔣徑三
西洋教育思想史（下）	蔣徑三
人生哲學	杜亞泉
佛學綱要	蔣維喬
國學問答	黃筱蘭、張景博
社會學綱要	馮品蘭
韓非子研究	王世琯
中國哲學史綱要	舒新城
中國古代政治哲學批判	李參參
教育心理學	朱兆萃
陸王哲學探微	胡哲敷

認識論入門	羅鴻詔
儒哲學案合編	曹恭翊
荀子哲學綱要	劉子靜
中國戲劇概評	培良
中國哲學史（上）	趙蘭坪
中國哲學史（中）	趙蘭坪
中國哲學史（下）	趙蘭坪
嘉靖御倭江浙主客軍考	黎光明
《佛游天竺記》考釋	岑仲勉
法蘭西大革命史	常乃悳
德國史兩種	道森、常乃悳
中國最近三十年史	陳功甫
中国外交失敗史（1840~1928）	徐國楨
最近中國三十年外交史	劉彥
日俄戰爭史	呂思勉、郭斌佳、陳功甫
老子概論	許嘯天
被侵害之中國	劉彥
日本侵華史兩種	曹伯韓、汪馥泉
馮承鈞譯著兩種	伯希和、色伽蘭
金石目錄兩種	李根源、張江裁、許道令
晚清中俄外交兩例	常乃悳、威德、陳勛仲
美國獨立建國	商務印書館編譯所、宋桂煌
不平等條約的研究	張廷灝、高爾松
中外文化小史	常乃悳、梁冰弦
中外工業史兩種	陳家錕、林子英、劉秉麟
中國鐵道史（上）	謝彬
中國鐵道史（下）	謝彬

中國之儲蓄銀行史（上）	王志莘
中國之儲蓄銀行史（下）	王志莘
史學史三種	羅元鯤、呂思勉、何炳松
近世歐洲史（上）	何炳松
近世歐洲史（下）	何炳松
西洋教育史大綱（上）	姜琦
西洋教育史大綱（下）	姜琦
歐洲文藝雜談	張資平、華林
楊墨哲學	蔣維喬
新哲學的地理觀	錢今昔
德育原理	吳俊升
兒童心理學綱要（外一種）	艾華、高卓
哲學研究兩種	曾昭掄、張銘鼎
洪深戲劇研究及創作兩種	洪深
社會學問題研究	鄭若谷、常乃惠
白石道人詞箋平（外一種）	陳柱、王光祈
成功之路：現代名人自述	徐悲鴻等
蘇青與張愛玲	白鷗
文壇印象記	黃人影
宋元戲劇研究兩種	趙景深
上海的日報與定期刊物	胡道靜
上海新聞事業之史話	胡道靜
人物品藻錄	鄭逸梅
賽金花故事三種	杜君謀、熊佛西、夏衍
湯若望傳（第一冊）	[德]魏特著，楊丙辰譯
湯若望傳（第二冊）	[德]魏特著，楊丙辰譯
摩尼教與景教流行中國考	馮承鈞

楚詞研究兩種	謝無量、陸侃如
古書今讀法（外一種）	胡懷琛、胡樸安、胡道靜
黃仲則詩與評傳	朱建新、章衣萍
中國文學批評論文集	葉楚傖
名人演講集	許嘯天
印度童話集	徐蔚南
日本文學	謝六逸
齊如山劇學研究兩種	齊如山
俾斯麥傳（上）	［德］盧特維喜著，伍光建譯
俾斯麥傳（中）	［德］盧特維喜著，伍光建譯
俾斯麥傳（下）	［德］盧特維喜著，伍光建譯
中國現代藝術史	李樸園
藝術論集	李樸園
西北旅行日記	郭步陶
新聞學撮要	戈公振
隋唐時代西域人華化考	何健民
中國近代戲曲史	鄭震
詩經學與詞學 ABC	金公亮、胡雲翼
文字學與文體論 ABC	胡樸安、顧蓋丞
目錄學	姚名達
唐宋散文選	葉楚傖
三國晉南北朝文選	葉楚傖
論德國民族性	［德］黎耳著，楊丙辰譯
梁任公語粹	許嘯天選輯
中國先哲人性論	江恆源
青年修養	曹伯韓
青年學習兩種	曹伯韓

青年教育兩種	陸費逵、舒新城
過度時代之思想與教育	蔣夢麟
我和教育	舒新城
社會與教育	陶孟和
國民立身訓	謝無量
讀書與寫作	李公樸
白話書信	高語罕
文章及其作法	高語罕
作文講話	章衣萍
實用修辭學	郭步陶
古籍舉要	錢基博
錢基博著作兩種	錢基博
中國戲劇概評	向培良
現代文學十二講	[日] 昇曙夢著，汪馥泉譯
近代中國經濟史	錢亦石
文章作法兩種	胡懷琛
歷代文評選	胡雲翼
讀書與寫作	李公樸